U0540461

年轻的品格：教师的精神气象

成尚荣 / 著

长江出版传媒 长江文艺出版社

图书在版编目（CIP）数据

年轻的品格：教师的精神气象 / 成尚荣著. —— 武汉：长江文艺出版社，2023.7
（大教育书系）
ISBN 978-7-5702-3163-8

Ⅰ.①年… Ⅱ.①成… Ⅲ.①教师素质 Ⅳ.①G451.6

中国国家版本馆 CIP 数据核字(2023)第 106837 号

年轻的品格：教师的精神气象
NIANQING DE PINGE : JIAOSHI DE JINGSHEN QIXIANG

———————————————————————————————
责任编辑：秦文苑　　　　　　　责任校对：毛季慧
封面设计：璞茜设计　　　　　　责任印制：邱　莉　王光兴
———————————————————————————————

出版：长江出版传媒　长江文艺出版社
地址：武汉市雄楚大街 268 号　　邮编：430070
发行：长江文艺出版社
http://www.cjlap.com
印刷：武汉科源印刷设计有限公司
———————————————————————————————
开本：720 毫米×970 毫米　　1/16　　印张：14.125　　插页：13 页
版次：2023 年 7 月第 1 版　　　　　2023 年 7 月第 1 次印刷
字数：144 千字
———————————————————————————————

定价：49.80 元
———————————————————————————————

版权所有，盗版必究（举报电话：027—87679308　87679310）
（图书出现印装问题，本社负责调换）

写在前面的话

年轻的品格与教师的精神气象

我有一间书房，不大，但我很喜欢。坐在书房里，常常想起季羡林先生的弟子卞毓方关于书桌放在哪里的遐想。

卞毓方先生说，他要把书桌放在天安门城楼上，让阅读和祖国的命运联系在一起，跟随着祖国的心脏一起跳动；他要把书桌放在遥远的太平洋的一座孤岛上，在阅读中，让自己的心安静下来；他要把书桌放在巴黎圣母院里，在阅读中感受心灵的圣洁与命运的灿烂；他要把书桌放在俄国大文豪的故居，让自己的文字走向创造的殿堂、走向世界……好不气派！

而我，我的书桌只放在书房里，却有一种品格和精神陪伴我、鼓舞我，因为书房的墙上挂着近代著名政治家、思想家、维新派勇士谭嗣同的一首诗："身高殊不绝，四顾乃无峰。但有浮云渡，时时一荡胸。地沉星尽没，天跃日初熔。半勺洞庭水，秋寒欲起龙。"这是谭嗣同登衡岳祝融峰时的真情抒发。我常常在心里默诵："半勺洞庭水，秋寒欲起龙。"这首诗不时撞击着我的心灵，让我心潮澎湃。顿时，我感觉那张安放在书房里的书桌并不狭小，也并不低矮，虽只"半勺水"，却有"蛟龙的飞腾"。同时，谭嗣同的另两句诗也飞扬在我脑海中："我自横刀向天笑，去留肝胆两昆仑。"书桌、阅读，带来的是一种精神气象。一个有精神气象的人，不仅有永远的年轻的品格；抑或说，年轻的品格里只有闪耀着精神内核的光芒，才会形成精神气象。

教育家，在我看来，首先是一种精神的光照。教育家人物谱，首先是教育家精神谱，其次是思想谱。学习教育家，重要的是要弘扬教育家精神，用教育家精神支撑自己的生命，创造自己存在的意义。马克思说："人不是跪在世界之外的抽象存在。"人的站立首先是精神的站立，教育家给我们营造了教师的精神家园，让我们挺起了精神的脊梁。教师生活在精神家园里，才能成为"四有"好教师，才能做学生发展的"四个"引路人，才能成长为中国立德树人的好教师，才能筑起中国新时代新的长城，并坚定走在中国式现代化之路上。

教师的精神家园究竟是什么样的？怎样营造自己的精神家园？孙正聿教授在他的著作《人的精神家园》里用九个标题做了阐释："生活：精神家园的根基""文化：精神家园的内涵""教育：精神家园的培养""科学：精神家园的真理""艺术：精神家园的陶冶""哲学：精神家园的升华""理论：精神家园的支撑""心态：精神家园的张力""理想：精神家园的源泉"，论述之完整、之深刻令我钦佩。孙教授又将精神家园归结为人的英雄主义。他说："生活可以不是'英雄主义的时代'，但人生不可以失落'英雄主义精神'。"他又说"英雄主义精神首先是一种人的尊严","英雄主义精神,又是一种使命意识","英雄主义精神,是个体自我意识的灵魂","以英雄主义精神构建人的精神家园,才有幸福生活,才会'梦想成真'"。我想,这样的英雄主义阐释比罗曼·罗兰所说的"世界上只有一种英雄主义,就是看清生活的真相后依然热爱生活"另有一种意蕴,也更有宏大的精神气象。

一如前面所提及的教育家精神,就我有限的阅读视野,我曾做过一个小小的归纳。比如我将教育家马相伯的精神提炼成一句话:"我是一只狗,要把中国唤醒。"——把自己的一切献给祖国,为中华民族的复兴不惜牺牲自己的一切。比如我将吕凤子的精神凝为两个短语:"爱与美、正则"——教人学会内心有尺度、在爱与美的交融中创造教育的智慧。比如田汉(尽管他是诗人、文学家,但我始终将他视作我们伟大的精神导师),人们称他为"起来先生",我将他的精神称作"起来精神"——呼唤中华民族"起来,起来……前进进"。又比如我称陶行知为"来先生",因为他一直鼓励教师"来!来!来!来到孩子队伍里来!""来先生"的精神正在"来去"之间:"人生为一大事而来,做一大事而去""捧着一颗心来,不带半根草去"——把整个心掏给孩子、献给教育。当然,我还将于漪老师的精神称为"担当"精神——"我在课堂里,一只肩膀挑着学生的现在,另一只肩膀挑着民族的未来"。……这都是种精神的象征,是民族精神、时代精神、教育精神的集中体现。做新时代的大先生,一定要弘扬教育家精神,教师的精神成长、教师的精神世界的丰盈与深刻比什么都重要。

我们常常使用"精神品格"这一概念。在我的认知里,弘扬精神要从培养年轻的品格开始,年轻的品格要走向精神与灵魂的塑造;换个角度看,精神是年轻品格的内核;再换个角度说,精神是最高尚的品格。于是,我把"年轻的品格——教师的精神气象"当作书名。我想,在年轻的品格与精神气象中发生关联,搭起桥梁,实则是为教师专业的发展铺设了一条高速通道。

也许会有人说,难道人只是一种精神存在吗?难道教师只靠精神生活吗?答案当然是否定的。我们,我们的教师,我们所有人还应当有越来越丰裕的物质生活。但是,请注意,"只有看清生活的真相后依然热爱生活"的人才会有真正的英雄主义。这句话仍是十分深刻的。而如今,我们不仅要看清生活的真相,更要明白生活的真相在于生活的精神性,在于梦想的实现。我们还要认识时代的本质,听从时代的召唤,肩头上是满满的沉甸感,头顶上飞扬着理想信念,胸中涌动着深沉的爱国情感,只有这样,我们的精神生活才会让物质生活闪亮起来、灿烂起来。也许,新时代的大先生应当是新时代的英雄主义者,何况,新时代不是英雄主义失落的时代,恰恰是诞生英雄主义的时代。我们,我们的教师应当为此而努力奋斗。

目录

第一辑

年轻，永远的品格

年轻，不只是人生中的一个阶段，年轻本身意味着品格。年轻的品格具有成长性，因而具有终身性，照耀人的一生。有年轻品格的人会永远年轻，永远会去创新。

年轻，永远的品格　3
用年轻的品格向生命致敬　7
我们正年轻　10
年轻可能"贫"，绝不是"穷"　13
年轻教师成长的青春序曲　16
始终站在美的一边　27
不让目的颤抖　31
鲲鹏展翅：青年教师发展的象征　34

第二辑

让身份闪耀信仰之光

　　信仰，年轻品格的灵魂。信仰铸造品格，品格映射信仰。多种身份，一个信仰，教育家为我们作出榜样。中国式教育现代化需要更多的"起来先生"和"来先生"。

让身份闪耀信仰之光　41

"起来先生"与"来先生"　45

爱国：年轻品格的精神内核　48

大先生的"眼睛法则"　52

汪达之：闪着独特光彩的教育家　55

袁隆平：伟大的教育家　60

顾明远：学术人生的"诚之道"　63

于漪：讲台上的生命歌唱　69

李吉林：干净的眼睛　79

朱小蔓：美丽的情感文明　82

周益民：咏唱儿童教育的"母歌"　87

党旗飘扬在教师的心中　92

3

第三辑

儿童秩序：童心里的诗篇

儿童智慧、少年精神，与年轻的品格血脉相承，是年轻品格的应有之义，也让年轻品格更有活力。当然，前提是我们应去认识、发现孩子，追寻、构建儿童秩序。当我们像孩子一样说话时，我们有可能成为天才。

儿童秩序：童心里的诗篇　97
思考时像天才，说话时像孩子　110
作为教师的儿童　113
人类的伟大史诗与草稿的修改　117
对儿童的神圣肯定　121
对孩子的每一天负责　124
非诚勿扰　128
学生，思想劳动者　130
让学习呈现本来应该有的样子　134
给学生一次当教师的机会　137
汉字学习中的祖国　141
"心教育"：极强的解释力与引导力　143
回到完整的生活世界认识"熟悉的陌生者"　146

第四辑

用挑战点燃创新之火

年轻意味着挑战，挑战是年轻品格的精神动力和标识。挑战导向创新，用挑战点燃创新之火。如果，从年轻时就能习惯于让肉体服从灵魂，那么，我们就是勇于挑战和创新的人。

用挑战点燃创新之火 151

创新的心灵点燃创新的火把 155

从"优秀的绵羊"到"勇敢的探索者" 158

平均的终结：拔尖创新人才培养的开启 163

失败是创新的一部分 168

关键在问："听"出鼓的形状与面积 172

"量子纠缠"的联想 176

"第一"撬动创新人才培养 180

教师想象力：一朵蕴含无限可能的花蕾 192

让孩子跳出教育的设计 204

后记：关于年轻的品格，关于随笔与直觉思维　207

第一辑
年轻，永远的品格

年轻，不只是人生中的一个阶段，年轻本身意味着品格。年轻的品格具有成长性，因而具有终身性，照耀人的一生。有年轻品格的人会永远年轻，永远会去创新。

年轻，永远的品格

年轻的品格，是对年轻人精神、情操、品德等优秀品质的凝练，映射了年轻人的特质。年轻品格的揭示和彰显，定会鼓励年轻人在新领域的开辟中成为杰出的创造者，在新赛道的竞赛中成为优秀的奔跑者。年轻的品格犹似一面青春的旗帜，在温暖的春风中猎猎飘扬，召唤、引领年轻人走向人生更美好的未来。

我们应该思考一个问题：年轻的品格仅仅是年轻人的品格吗？当然不是。"年轻的品格"与"年轻人的品格"不能等同。年轻的品格不只属于年轻人，也属于所有人；她不只是对年轻人的赞扬和歌颂，也是对所有人的关怀、鼓舞和期待。如果把她比作一座花园，所有的花都会向所有人微笑；如果把她比作一片森林，所有的树都会引导所有人向上生长；她像蓝色的波浪拍向所有新的海岸，又像灿烂的晨曦洒向所有希望的田野……

是的，年轻的品格也属于每一个人，属于各个年龄阶段的人，可以照耀人的一生。各个年龄阶段的人，年轻的品格都在成长。年轻的品格具有终身性。

年轻品格的终身性，是因为她具有文化的"基因性"。她植根于深厚的文化沃土中，吸收大地的精华，汲取人类文明的智慧，滋养自己，丰盈心灵，慢慢形成文化心理结构，沉淀为人的一种基质。这种基质可以带着走，陪伴、影响人的一生，不会因为年龄的增长而消逝；她让人永远年轻，永远光彩。

年轻品格的终身性，是因为她具有超越性。她超越年龄，年轻不只是一个年龄段的概念，不只是人生中的一个年龄阶段，而是一种精神象征和心理标志。她超越身份，无论你从事什么职业，拥有什么身份，居于什么地位，都应具有年轻的品格。她的超越性具有优化或改变人的功能。过去说，活到老学到老；今天应该说，学到老才能活到老；我们还应该说，年轻的品格让人永远不老。超越性来自学习，终身学习让年轻的品格具有超越性。

年轻品格的终身性，是因为她具有发展性。大凡品格都具有稳定性，"年轻"的品格同样如此。而且，正因为"年轻"更具发展的潜力，可以在原有的基础上，不断吸收、适当调整，年轻品格就显得尤为可贵。让年轻品格永葆青春。年轻品格的发展性意味着可能性，充满思想的张力、创造的活力和对未来的召唤力。

年轻品格的终身性，是因为她具有时代性。一代人有一代人的使命，一代人有一代人的责任，一代人有一代人的追求，"一代人"本身就具有时代性。所谓时代性，体现出年轻品格内涵会在与时俱进中不断丰富、完善，反映时代要求，透射时代特点。以往，年轻品格里的创新品格、创造精神早就孕伏其中；如今，时代巨变，这是一个创新的时代，创新品格、创造精神将会更加被强调，创造性人格的重塑得以凸显。

中华优秀传统文化历来重视育人，重视人的德性养成，也因此对年轻的品格有了生动而深刻的描述和阐释。我们一定要铭记先贤们的教导。孔子在《论语》中提出"知者不惑，仁者不忧，勇者不惧"，是说有智慧的人不会迷惑，仁德的人不会忧愁，勇敢的人不会畏惧。正如《中庸》所言："知、仁、勇，三者天下之达德也。"智慧、仁德、英勇是天底下通行不变的品格，是中国传统文化中的崇高标准——当然，优秀传统文化也滋养着年轻的品格。记得2015年联合国教科文组织发布的国际教育报告《反思教育：向"全球共同利益"的理念转变》就以这"三不"为报告的导语。可见，教育包括国际教育都是为了培养人，"三不"成为共同的目标，也担当着共同培育人年轻品格的责任。深植于传统文化沃土中的年轻品格，会不惑，不忧，也不惧。

孔子说到"三不"，孟子也论及"三不"："富贵不能淫，贫贱不能移，威武不能屈。"孟子将之称为"大丈夫"精神。中华民族以几千年的优秀文化、高贵精神涵养了年轻的品格，从不同角度关怀身心、塑造灵魂，使得年轻品格更有高度和厚度，其中志气、骨气、底气闪闪发光，每当读起，一股热浪涌上心头。我们还要高声朗诵起"富贵不能淫，贫贱不能移，威武不能屈"走在世界上，走在通向未来之路上。当然，在朗诵后，又会续上另一壮丽诗篇"四为"："为天地立心，为生民立命，为往圣继绝学，为万世开太平。"世界上一定有人在倾听，有人在发问：是谁在豪迈地朗诵啊？哦！是中华民族，他们朗诵的正是年轻的品格。

我们还会豪迈地朗诵毛泽东的《沁园春·长沙》："独立寒秋，湘江北去，橘子洲头。看万山红遍，层林尽染；漫江碧透，百舸争流。……怅寥廓，问苍茫大地，谁主沉浮？……恰同学少年，风华正茂；书生意气，挥斥方遒。指点江山，激扬文字，粪土当年万户侯。曾记否，到中流击水，浪遏飞舟？"梁启超曾写过《少年中国说》，那么我深以为，毛泽东写的是"青年中国说"。无论是《少年中国说》，还是"青年中国说"，不都是中华民族的年轻品格的生动写照吗？

中国进入了新时代，教师，是新时代的新一代。年轻老师们，亲爱的老师们，我们还应该牢牢记住：踔厉奋斗，发扬奋斗精神。奋斗，是中华民族的精神面貌。幸福生活是奋斗出来的，劳动是幸福的源泉。一切都在迅猛前行，我们该怎么办？教育扎根大地，又是离地最近的飞翔，显然，躺平不可以，躺赢不可能，"精神离职"也不行，奋斗正当时！奋斗精神将为年轻的品格插上翱翔天宇的翅膀，我们会在任何时候、任何地方，都会向世界、向人生、向未来打招呼：年轻的品格，您好！

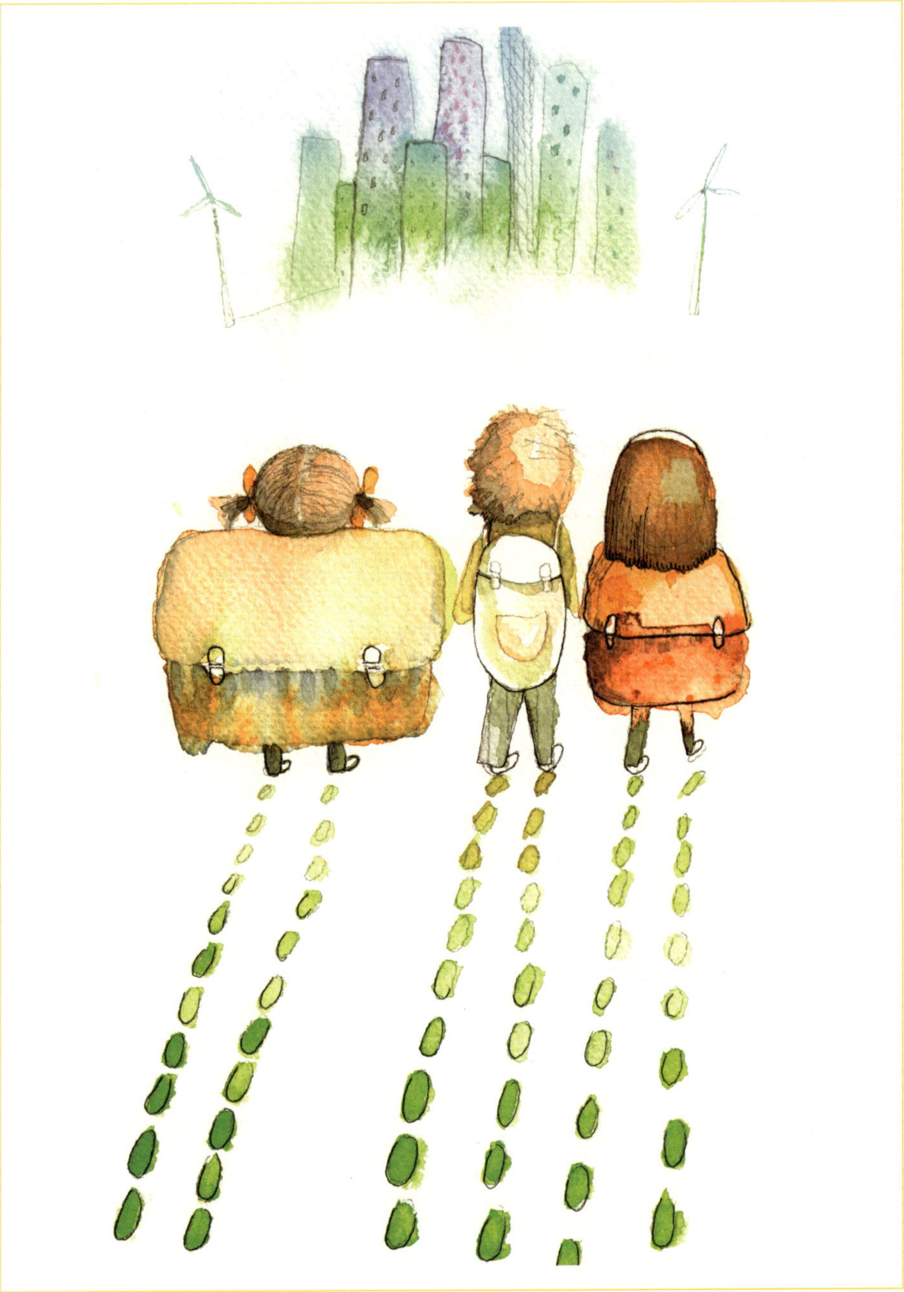

平日走在大街上我有个习惯：喜欢跟在年轻人的后面，踩着他们的节奏走。但走着走着就跟不上了，因为年轻人的步幅大、步频高。这时候我往往有两个想法：一是毕竟老了，应当承认，不能逞强；二是脚步跟不上，心一定要跟上，不能甘于落后，心理状态必须积极向上。

生理与心理虽有联系，但还是有差异的。马克思的那句话一直镌刻在我心里："人，并不是跪在世界之外的抽象存在。人，意味着世界，意味着国家，意味着社会。"人是具体的存在，不是跪着的，而是站立着的，这种站立是精神的站立。精神的站立不问年龄，年纪再大，精神不能矮下去，更不能跪下来。

不难理解，人的品格年轻不年轻，从根本上看是由精神决定的。心里装着社会、装着国家、装着世界的人永远是年轻的。

用年轻的品格向生命致敬

5月4日,这是一个属于年轻人的节日。这一天,虽然没有青春的狂欢,却有心灵的沉思:是什么让早晨八九点钟的太阳更辉煌?是什么让美丽的青春不朽而永在?有青年教师告诉我:是因为有年轻的品格。

年轻的品格内涵十分丰厚,精神、情感、智慧、能力,还有性格等,都在"年轻的品格"里。年轻的品格的实质是青春的特质、时代的品格、未来的性格。马克思曾说:"一个时代的精神是青年人代表的精神,一个时代的性格是青年人代表的性格。"无论是过去、现在还是未来,这句话都告诉我们:年轻的品格将影响甚至决定国家的品格,青年的样子就是中国的样子。

曾记否,诞生于19世纪中叶的丁龙,18岁去美国打工。他对美国人说:"我是文盲,但是我记得老祖宗孔子的教导'己所不欲,勿施于人',这是我们中国人的传统美德。"当时让美国人惊羡。晚年,他把所有积蓄1.2万美金全赠给哥伦比亚大学,希望建一个汉学系。当时,这可是一笔巨款,是他省吃俭用攒下来的。他在捐款单上庄重写下一个行字：丁龙——一个中国人。他年轻过，到了晚年仍然年轻。年轻的品格首先是真挚、深沉的爱国精神与永远的情怀。

也许有人说，那是悠久的过去，当下可不一样啊。不过，当代青年的品格仍然大放光彩。苏翊鸣，在17岁的最后一天，他创造了青春的奇迹，荣获单板滑雪奥运冠军，作为礼物献给了自己18岁的生日。当他挂上金牌的时候，他说金牌不属于个人，而是属于国家、团队和所有帮助过他的每一个人。他的愿望和目标是：下一块金牌。年轻的品格，是将理想融进刻苦训练中，将"小我"融入"大我"中。这是一种坚定的信念与博大的胸怀。

也许有人说，这是体育界，体育界是年轻人的世界，教育界可不一样。不过，一位青年教师告诉我："我没有经验，可是我爱孩子；我还很稚嫩，但我做好了磨炼的准备。"他又说，"在'知道'与'不知道'之间隔着一条黄河，在'知道'与'做到'之间隔着一条银河，从'做到'到'悟道'隔得更远。"他用夸张的方法道出了青年教师成长的不易。但是他最后说："我会奋勇向前会去突破和超越的。"年轻的品格是一种坚强的意志与战胜自我的力量。

中国进入新时代，站在高质量发展阶段，2035年将基本实现社会主义现代化。中国要建成教育强国，我们年轻人要更快、更好，"志士不辞牺牲，英雄不避时艰""功成不必在我，功成必定有我"。不爱孩子，不爱教育肯定不行，爱是一种情感，也是一种能力；"躺平"肯定不行，这不是好教师的样子，幸福不会自己来到身边——幸福需要邀请，而邀请是一种奋斗；"佛系"肯定不行，成功属于有着大智慧的共同体，不可以为所欲为，也不可以无所作为；娱乐化，心灵和习惯被虚拟世界占领肯定不行——我们要抵抗坏习惯，在真实世界里生活。

有人说得好，爷爷辈没有输给战火，父母辈没有输给贫穷，我们怎样才能在建设教育强国中贡献力量，而不被"躺平""佛系"、娱乐化打败呢？我们是实现中华民族伟大崛起、实现中国梦的生力军和主力军，是教育改革的奋斗者、奉献者、创造者，要用年轻的品格去驱赶、去打败"躺平""佛系"和娱乐化。我们永远将"志不立，天下无可成之事"作为自己的座右铭，将立德树人作为大事，将培养时代新人作为自己的大任。唯有此，社会主义后继有人的根本大计才会实现。年轻的品格在我们的有为和作为中闪烁时代的光彩。

在青年节日里，我们耳旁再一次响起《共产党宣言》翻译者陈望道的声音："唯教育事业是万古长青的。"教师们，年轻真好，我们正年轻。我们用年轻的品格向青年教师致敬：青春万岁！

我们正年轻

　　年轻的朋友，与你们交谈是一件很快乐的事；和你们在一起，我也觉得自己年轻了许多。我也年轻过，如今，年轻离我而去已很多很多年，但我总觉得青春还可以再回来，再回到我的身上。事实也正是这样。我从来不知道自己是在什么时候、以什么方式抓住过青春的尾巴，甚至不知道我有没有过所谓的青春的尾巴。也许，重要的不是年轻不年轻，而是"年轻感""年轻态"；也许重要的不是青春不青春，而是对青春的认知以及永远和年轻人在一起。

　　一开始就对你们谈青春，是不是过于沉重了？是不是不知不觉地流露出老年人常有的对年轻人的那种喜欢说教的方式，而你们不喜欢甚至反感？开始，我的确担心过，后来释然了。年轻、青春是青年教师绕不开的问题，是关于人生意义与价值的问题，不要回避也不可回避。如果以青春的名义、青春的方式来聊，那么就会互相走近，青春就会成为我们共同的名字。

说到青春，不能不说到王蒙。王蒙19岁就写了长篇小说《青春万岁》，年轻人写出《青春万岁》有着独特的意蕴。拍成的电影里的那首片尾曲，我背不全，也背不准，大概意思我是记得的：所有的日子都来吧，让我编织你们，用青春的金线和幸福的璎珞，编织你们……王蒙告诉我们：青春在哪里？青春在日子的来去之中，在所有的生活中；其中有艰巨的挑战与考验，当时间嵌进生活，便产生了青春的意义。

王蒙有自己一生的誓言："我要用全部心力歌唱大地和人民。"1963年，不满30岁的王蒙举家进疆，有时代的因素，亦不乏主动选择。从北京先到西安，再坐四天三夜火车，行走在路基尚未完全轧实的兰新路上。他一路行吟，问自己这样的问题："伟大的中国，你究竟了解了多少？"在新疆，王蒙和乡亲们抡坎土曼，一起住地窝子修湟渠，一起扛着百公斤重的麻袋装车……他把老乡的话记在心里，后来用在作品中："出来吧，吃吃空气吧""火是冬天的花朵"……当他离开新疆重回北京，"以磅礴之势再启文学和人生的新篇章时，那一切已成为他取之不尽的文学富矿，赋予他雄阔、乐观、温暖、幽默的底色"。我从最近的《光明日报》上读到他这些话的时候，深深地感到，王蒙的人生呼应了19岁时的《青春万岁》，他以自己的经历和多彩的奉献，演绎并印证了真正的青春是什么，又来自何处。其实，王蒙的一生都在谱写青春之歌。

这是王蒙，他不同一般。再说说我们教师。我们很平凡，但又很伟大。18岁就做小学教师的李吉林多才多艺，当过女排运动员，经历过专业的跳伞训练，也有过当演员和主持人的机遇。但是她都放弃了，她扎根在小学校园里，站立在讲台前。后来下放到农村，"文革"结束重回学校，她说"我要克服一个女人的弱点"，又说"我要把丢失的时间捡回来"。那时，她已30多岁了，但仍然青春勃发，全身心地投入到教学改革试验中：创立了中国特色的情境教育，构建了中国儿童情境学习范式，回应了世界教育改革的潮流。后来，李吉林成了儿童教育家，这是李吉林的青春。教师的青春年华和孩子在一起，在教书育人中，"长大的儿童"成了青春的另一种称号。

有多少人在定义青春啊！费孝通写出《江村经济》时28岁，马克思、恩格斯写出《共产党宣言》时30岁，获得诺贝尔物理学奖时杨振宁36岁、李政道31岁……我们，我们年轻教师该怎么定义自己的青春呢？

在上海举办的第四届世界顶尖科学家论坛上，有人问未来的答案在哪里，科学家回答说：未来掌握在青少年的手上，因为，在少年英才身上，我们看到了"未来"最好的榜样。他们还说，把一切都给孩子。这不正是我们教师说的吗？年轻的老师，从一走上讲台开始，我们就应该有这样的信心、信念和信仰，在立德树人中谱写新时代青年教师的青春之歌。因为我们正年轻。

年轻可能"贫",绝不是"穷"

光绪二十八年(1902年),实业家、教育家张謇创建了民立通州师范学校,就是后来的南通师范学校。南通师范学校的创建开了中国师范教育的先河,至2022年已120年了。我正是在南通师范学校度过了3年,1962年毕业,我为自己曾是中师生而自豪。

悠悠岁月,故事还真不少。我是个爱听故事却不会讲故事的人。不会讲,绝不意味故事已消逝,相反,故事已内化在自己的生命之中,已人格化了——生命是会讲故事的。

上师范的那几年,正是国家遭遇三年困难时期,粮食、菜蔬、肉类、鸡蛋等特别短缺,老百姓处在饥饿贫困之中,年轻的共和国面临着极为严峻的考验。我们与祖国同命运,从来没有为此而抱怨、失望。师范学习的3年,让我懂得了坚强,懂得了与艰苦博弈的精神价值,为我打上了为师、为人极为重要的信念底色——永远与祖国同甘共苦。

有两个细节我永远不会忘记。学校曾经要求我们去校外打树叶,再送到食堂打碎，和着大米一起熬稀饭，这就是"瓜菜代"。一个星期天，阳光特别灿烂，我和其他两个同学组成一个小组，拿着长长的竹竿，带着大口袋东寻西找还长着绿叶的树。后来，终于在其中一个同学家的院子外找到了几棵树，树叶并不茂盛，而且大都长在高处，因为低处的树叶已被别人采光了。我个子高，打树叶的任务自然落在我身上，我伸出长竿，踮着脚用力去打，树叶飘然而落，我们将树叶拾进袋里。另一位同学还编起了顺口溜，似乎是"树叶青啊树叶高，打下树叶蒸米糕……"然后我们放声大笑，笑声里没有一丝悲凉。后来这位同学成了作家，写起了小说，小说还被拍成了电视剧。晚霞中，我们把两大袋子树叶送到了学校食堂。可想而知，用树叶煮成的饭是什么味道。但是上午第四节课下课钟声一响，我们都奔向食堂，个个吃得津津有味。

也是一个星期天的下午，我像往常一样回家。以往回到家里，晚饭基本就是一团豆腐渣拌着蒜叶炒着吃，可这一天家里不知道从哪里弄来了几把米。母亲用米煮了一大锅粥，虽然很稀很稀，但那时正是我长身体的时候，饭量大啊，我拼命喝，直到实在喝不动了。赶回学校上晚自习，因为喝得太饱，上楼时只能一个阶梯一个阶梯地慢慢爬……这顿晚饭成了我读师范时永远的记忆。

是的，尽管当时经济十分困难，但国家依旧投入资金让我们免费上师范。我们的生活是艰苦的，但学习生活却是丰富多彩的。一次，班上要出班刊，几个文学爱好者在一起商量，决定将刊名取为《学步》。现在想来，

"学步"真好。学习是一条漫长的路，从教之路、人生之路更加漫长，我们学着走路、学着去探究和发现，至今我还是一个"学步者"。还有一次，我们在一起将王愿坚的小说《党费》改编成剧本，请了才华横溢的羌以任老师当导演。在音乐教室，羌老师倚着钢琴，手托着下巴，倾情解说、指点，我估计他没有演过戏也没排过戏，但是他说的我们都觉得很有道理。后来这部戏在学校礼堂正式演出，我担任其中一个角色，演出时因为沉浸其中，竟然生成了一个新的细节。可以说，羌老师默默地影响了我一辈子。

一次班会课，教语文的陈老师和我们谈话。讲着讲着，她朗诵起臧克家的诗《有的人》，那么自然、优雅。呵！我年轻的心被点燃了。是啊，朗诵不能装腔作势，应该一如平日地讲话；是啊，有的人死了，他还活着，像小说里的共产党员，像鲁迅……中师3年，学到的知识一直没有忘，它们已经转化为我们心中的理想、信念、情感，还激发了我们的才华。

何为贫穷？年轻时可能"贫"，但那绝不是"穷"。其实，我们精神很富有。这是特殊年代中师生涯馈赠给我最珍贵的礼物。

年轻教师成长的青春序曲

一 | 成长手册的序言：
　　从连接符的左端开始

　　成长伴随人的一生。如果要回答"人是谁"这一古老的问题，那么我的回答是：成长。成长，让人不断地建构意义，并充分展开意义，因此，人是意义的创造者。从这个视角看，新教师成长是人创造意义的过程。

　　成长需要规划，但一些成功人士在回答提问时，常说"我以往没有规划"。于是，有两种发展理论摆在我们面前：连续性发展和非连续性发展。依我看，任何人的发展，是这两种发展理论的整合与融通。说有规划的，规划总在引导着人的前行——当然，规划也处在调整中；说没有规划的，其实，规划被隐藏了起来，或者已融化在发展过程中，是一种隐性的规划。说到底，新教师的成长，其实没有正儿八经的规划，真正的规划叫"努力"。

　　人的成长具有自然性、生成性，还需要自觉性。自然性，让人的成长摆脱刻意带来的功利，显现出真实性；生成性，让人去创造，让人生意义更充分；自觉性，让人不断地去努力，显现出主动性、积极性。当自觉成为一种习惯时，也就自然了。这叫"成长自觉"。因此，新教师真正的成长规划应该叫作"不断努力，成长自觉"。

尽管成长来自个人的内部动力，但外部力量的帮助也很重要。这种外部动力我们往往叫作机遇。机遇有各种形态，比如"新教师成长手册"就是其中一种具有积极意义的形态，它是新教师的成长指南，为新教师成长铺展了一条前行的道路，提供了诸多帮助。这是新教师成长的机遇，新教师应当珍惜并抓住这一机遇，在青春中成长，让青春成长。

成长手册好比是自撰的一部章回体小说，也是成长的路线图和阶梯，当然系着发展的自我预测与期盼。将来有一天，你再翻开这一成长手册时，就会发现自己走了这么一条路：大学生—大教师。这个连接符里有许多故事，青春在闪光。成长手册就是你的成长史、故事集。如今，从连接符的左端开始，做好自己的成长手册，努力吧。

二 成长手册的总纲：
做中国立德树人的好教师

如上所述，新教师（学术上称为"新手教师"）的成长手册，好比自撰的一部章回体小说。如果你认同的话，那么，在自我成长中可以实现自己的梦想和价值；同时，将自我融入社会、国家的大我之中，将"小我"融入"大我"中，进一步提升自己的青春价值，让生活更加美好。

立德树人，是教育改革发展的根本任务，是教育改革发展的核心价值追求，是对所有教师的共同要求。不仅是老教师、骨干教师、大教师要成为立德树人的好教师；新教师从第一天起，就要立下这个意愿。立德树人好教师的内涵非常丰厚。建议新教师从以下几个方面学习、领悟、把握立德树人的要义。

要义之一：立德树人是从中华传统文化的土壤里生长起来的，是最具中国特色的教育思想，是我们的精神标识。中华文化传统中早就有立德与树人的思想精髓。立德，古人在关于人生"三不朽"中将其列为首位："太上首先有立德，其次有立功，其次有立言。"太上，指的是最根本、最高境界。立德、立功、立言都可以让人生不朽，但是最根本的、首要的是立德。立德是人生的最高境界，立德是我们人生的根本目的和永远追求。"一年之计莫如树谷，十年之计莫如树木，终身之计莫如树人。"《管子篇》里的这段话告诉我们，树人好比树谷、树木，但比树谷、树木更重要、更漫长、更复杂、更艰巨。立德与树人早就结合、统一在一起，立德是树人的动因和途径，更是树人的方向；树人是立德的目的和结果。立德与树人的融通成为中国教育的核心思想和核心目的。如今，两者进一步融通，携起手来走进了新时代，成为教育改革的根本任务，也成为所有教师的根本任务。

要义之二：立德树人的根本任务是要着力解决三个根本问题——培养

什么样的人，怎样培养人，为谁培养人。培养什么样的人？要培养能担当民族复兴大任的时代新人。时代新人要有理想、有本领、有担当。怎样培养人？要五育并举，以德为先；要在坚定理想信念、厚植爱国主义精神、加强品德修养、增长知识见识、发扬奋斗精神、提高综合素质上下功夫；要确立健康第一的观念，改善和加强学校美育，加强劳动教育。为谁培养人？为社会主义培养建设者、接班人。为此，要增强国家认同、民族认同、政治认同、社会主义认同、中华文化认同。这三个根本问题环环相扣、紧密相连，揭示了教育的本质与核心，关涉民族的未来，直接影响着民族复兴、中国梦的实现。同时，也关涉风云激荡、世界百年未有之大变局——立德树人让中国的教育在世界百年未有之大变局中不迷乱。变局不是乱局，也不是迷局。相反，我们只要站在更高的历史方位，就能更自信地瞭望世界，走向更加美好的未来。

要义之三：落实立德树人的根本任务，必须构建德智体美劳全面发展的教育体系，构建更高水平的育人体系。促进学生德智体美劳全面发展的教育体系以及更高水平的育人体系，这是宏观的、制度性的要求，主要是政府和有关科研部门的任务。但作为教师，即使是新教师也要关注、参与研究，让自己从一开始工作就站在教育的大格局中来观察、审视，让自己的视野开阔起来，培养宏观思维、整体思维、复杂性思维，学会从全局来看问题，学会以小见大。同时，对育人体系中的大问题要关注，把握新精神、新要求。比如新时代的爱国主义教育，要让学生有真挚的爱国情、远大的强国志、切实的爱国行。习近平总书记指出，有些中国人，缺少中国情、中国味，没有中国心。如何让青少年挺起民族的脊梁，是每个教师神圣的使命与职责。再如新时代的劳动教育，要以弘扬劳动精神为核心目标，以体力劳动为主，出力出汗；还要手脑并用，上好劳动课，用好劳动周，加强日常生活中的劳动，培养劳动品质和习惯，长大后能辛勤劳动、诚实劳动、创造性劳动。将更高水平的劳动育人体系纳入更高水平的育人体系，教师人人有责，新教师从一开始就要参与其中。这样立德树人的根本任务才能落实在我们的工作中，才能落实在我们的成长中。

以上三个根本问题，可以引申出第四个根本问题：谁来培养人？答案是非常明确的：我们，我们学校，我们教师，我们每一个新教师。

三 | 成长手册的第一章：
首先是道德教师

当你做了教师后，一定会有人问你，你是教什么课的。你的回答一定会是：我教语文，是语文教师……这说明教师有具体身份和具体任务。请记住：一个连课都不会上、上不好的教师是不称职的，所谓"站稳讲台"就是这个意思。不过还要提醒大家的是：仅这样回答还不够，因为你不仅在教某一学科，抑或说，教某一学科、上一门课的深处意义可能更重要。"我是学科教师"里面还透射出教师的另一种身份：道德教师。

这一观点源自对教育与道德关系的思考。不少学者对此做了深入的考证。"教育作为一肯定性评价词和规范词具有道德的含义，它指的是通过道德上可以接受的方式以有价值的内容影响学生的活动。""从逻辑上说，教育是一个道德概念；从事实上说，教育是一种道德实践。"这是国内学者黄向阳的论述。国外学者也持同样的观点。比如德国教育家赫尔巴特直截了当地指出，"我们可以将教育唯一的任务和全部的任务概括为这样一个概念：道德。"杜威还将道德教育作为学校的"最高目的""根本目的"。他说："道德的目的应当普遍存在于一切教学之中，并在一切教学中居于主导地位——不论是什么问题的教学，如果不能做到这一点，一切教育的最终目的在于形成品德这句人尽皆知的话就成了伪善的托词。"再从中华传统文化来看，源远流长、博大精深的中华文化始终有个底色和亮色，那就是伦理道德。中国伦理道德体系的悠久历史铸就了中华民族的文化品格。中华文化的品格必然影响并规定着教育的内在品性。综上所述，教育的本质属性是道德，教育事业首先是道德事业。

教育的本质属性必然要求教师首先要做道德教师。人们也常说，不管你是不是愿意，每一位教师都是道德教师。道德教师具备两个基本特征。一是超学科性。道德教师不是指某一个学科的教师，不是专指上思政课的教师，而是指所有学科教师都应该是、必须是道德教师。二是超越岗位性。道德教师不仅指负责德育工作、负责学生工作的教师，学校所有部门、所有岗位的教师都是道德教师。各位新教师，你在站稳课堂的同时，一定要站在道德的高地上，以道德的方式，教好你任教的学科；让你的课堂成为道德课堂，将立德树人的根本任务落实在你的教育教学活动中。

道德教师从哪里做起？各有各的出发点，新教师一定要找寻到自己的路径、方式以及各自的重点、突破点。真诚希望年轻的教师们认真探索、积极实践，你一定能成为真正的道德教师。不过，我提一点建议：从尊重开始。尊重是人性的起点，是道德的起点，也是教育的起点。让我们从尊重学生、尊重教育规律开始出发吧。

四 成长手册的第二章：为儿童研究儿童

"为儿童研究儿童"是中国情境教育创建人、儿童教育家李吉林老师常说的一句话。仅仅七个字，含义却非常丰富、深刻，愿与各位新教师做个讨论。

其一，教师要做儿童研究者。儿童是我们教育的对象，也是教育的主体。教语文，不只是研究语文怎么教，更重要的是要研究儿童是怎么学语文的，往深处说，我们是在研究儿童。同样的，教数学，教英语，教道德与法治，教艺术，教体育……其实都是在教学科的同时教人、育人，这就需要研究儿童。实践与理论都告诉我们，对儿童没有研究好，书也教不好；研究儿童是教语文等学科教学的前提，用学术一点的话来说，研究儿童就是为教

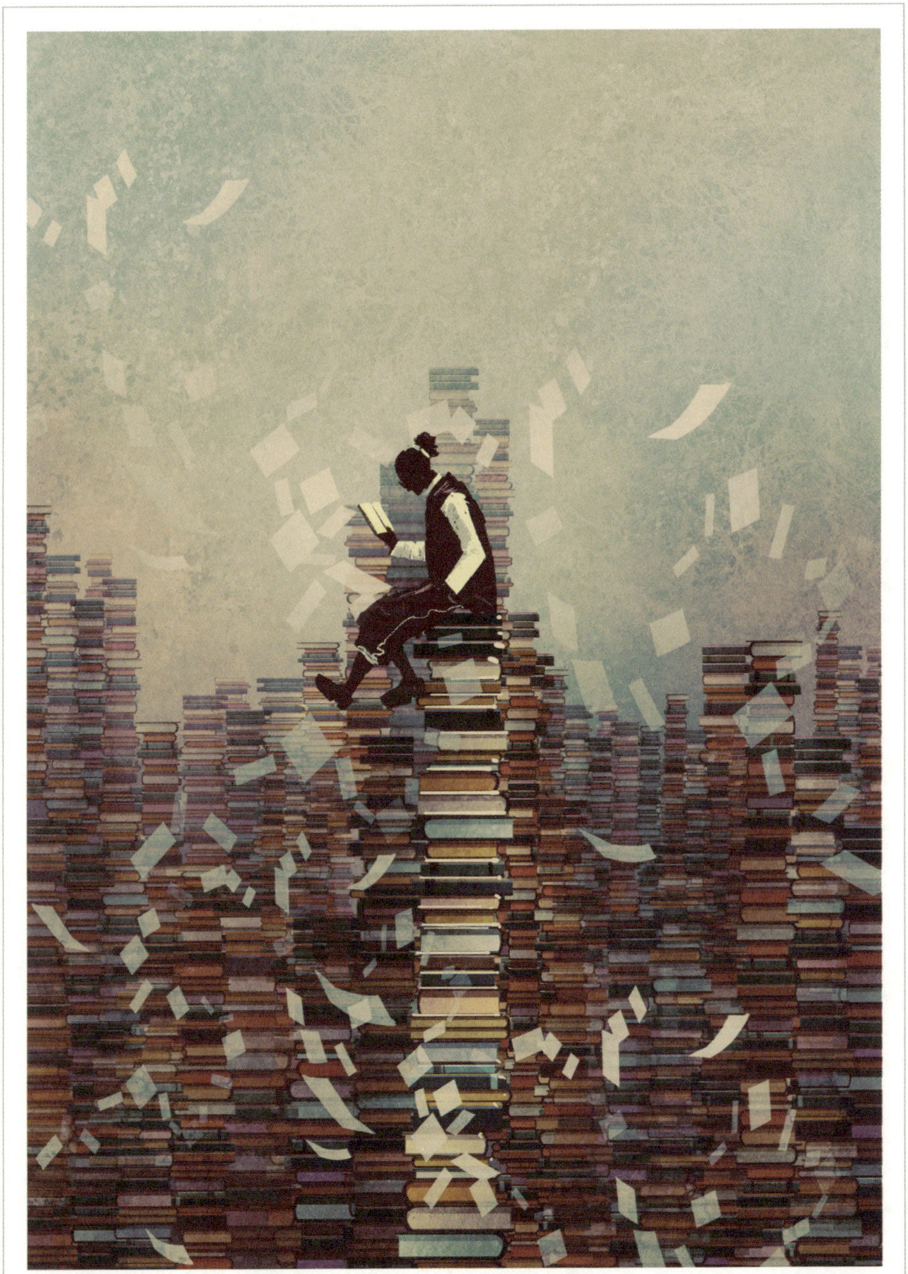

一位青年教师告诉我:"我没有经验,可是我爱孩子;我还很稚嫩,但我做好了磨炼的准备。"他又说,"在'知道'与'不知道'之间隔着一条黄河,在'知道'与'做到'之间隔着一条银河,从'做到'到'悟道'隔得更远。"他用夸张的方法道出了青年教师成长的不易,但是他最后说:"我会奋勇向前去突破和超越的。"

　　年轻的品格是一种坚强的意志与战胜自我的力量。

语文等学科提供基本概念与基本规律。仿照古希腊大哲学家亚里士多德关于"第一哲学"的理念及其表述来说，儿童研究是教师的"第一专业"。

其二，要为了儿童研究儿童。儿童研究有个价值指向，那就是为了儿童的发展。这才是儿童研究的根本目的。这一根本目的不是所有人都清楚，更不是所有人都能自觉做到。有的或许是为了获得理论上的进步，有的或许是为了写出更有实证也更漂亮的论文，有的或许是为了形成自己的教学主张、教学风格……这些都没错，与促进儿童发展都有关系，但是还没有直接为儿童发展服务——有的甚至把儿童研究当作手段为自己服务，这显然与研究的主旨发生了偏差。苏霍姆林斯基说："把整个心灵献给儿童。"这就是心无旁骛，一心想着儿童。陈鹤琴先生晚年写下了六个字："一切为了儿童。"只有真正为了儿童进行的研究，才会获得真正的进步；理论的、实践的研究，只有与儿童心灵相通，才会有蓬勃的生命力。

其三，研究儿童立场的完整性。教育有自己的立场。儿童立场包括主要目的、基本态度、出发点与归宿点，简要地说，立场主要是为了谁而站在哪里。为儿童研究儿童，一切为儿童的发展，以儿童发展为中心，这就是教育的立场——儿童立场。以儿童为中心是"以人民为中心"在教育中的最初的又是具体的体现。儿童立场是基于儿童观建构起来的。儿童观主要解决如何看待儿童、对待儿童的问题。儿童是一个整体，基于儿童观建构起来的儿童立场也应具有完整性。一方面要真诚地赞美儿童、信任儿童、依靠儿童，确信儿童有无限的可能性，儿童是未被承认的天才，儿童是人类伟大史诗的草稿……这些观念应该坚定地树立起来，坚信不疑，并认真付诸实践。另一方面，要看到儿童还在成长中，需要接受教育、需要克服成长中的问题，即使在后喻文化时代，儿童也需要价值澄清与价值引领，教师要帮助他们处理好规范与自由、快乐与刻苦、个人与他人等方面的关系。儿童立场的完整性彰显了教师的智慧。

其四，为儿童研究儿童，最终达成一个目的：学以成人。为儿童研究儿童，要教会学生学会学习。儿童为什么要学习？"古之学者为己，今之学者为人。"古训的意思是，学习是为了丰富自己的心智，滋养自己的心灵，做一个真正的人，而不是装点自己，给别人看，炫耀自己。"学以成人"是中华文化的核心主张，是哲学的根本命题。当教师，要教儿童学知识、练本领，这些都是为了儿童成人，成为时代新人。先成人后成才，在成人中成才。儿童需要学以成人，教师也是终身学习者，也要不断地学以成人。学以成人，是新教师永远的命题、永恒的追求。

五　成长手册第三章：
教学改革的指南针——学科育人、活动育人、管理育人

立德树人的根本任务是建构更高水平的育人体系。更高水平的课堂教学是更高水平育人体系中不可或缺的部分。课堂教学的根本目的在于育人。学科育人、教学育人是教学改革的指南针与方向盘。指南针不在手里而在

心里；方向盘也不只是把握在手里，更重要的是永远定位在育人的大方向上。我推荐年轻教师向几位大教师学习。关注、学习于漪老师。她说："我站在课堂里，两个肩膀，一个肩膀挑着学生的现在，另一个肩膀挑着民族的未来。今天的教学质量，就是明天的国民素质。"关注、学习斯霞老师。她教"祖国"二字，家国情怀的培育像是"春种一粒粟，秋收万颗子"一样；她教"刘胡兰"，激起小朋友对敌人的痛恨，对共产党员的无限敬爱。关注、学习窦桂梅老师。窦老师教新中国成立以来一直选编在语文教材中的《葡萄沟》已有几十年了。但是近年来她一直追问自己：现在教这篇课文究竟为了什么？她把整个过程包括每个环节都指向人：行为习惯、意志品质、爱家乡、爱祖国、学会学习、学会创造等。关注、学习华应龙老师。他教中华人民共和国成立70周年阅兵式里的数学故事，透射出数字的温度与力量，透射出民族自信，透射出情感文明。关注、学习南京师范大学附属中学的保志明老师。她教化学，一直思索理科育人的路径与方法。她有个核心理念：高考考得很少，未来考得很多；她用科学盒等方式，培养学生团队精神，做复杂的事，进行创造性学习。

如果说学科育人、教学育人就是教书育人，是让学生在知识学习中站起来，在能力培养中强起来，在思维发展中活起来……那么，校本课程开发、学科的综合学习、综合实践活动，更侧重在课程育人、综合育人。同样的，班主任工作和少先队辅导员工作，都是在探索管理育人、活动育人的方式。总之，新教师要努力把握学科特质，将教学当作育人的过程；把握活动的本质，将育人贯穿活动始终；把握管理的奥秘，让学生生长起智慧。这样，大家都在探索中逐步形成育人方式，以至形成育人模式。这样，你就会从连接号的这头迈向那头：大学生总有一天成为大先生。

六 | 成长手册 N 章：
唱响新教师的青春之歌

成长手册还有若干章，这些章节需要新教师自己去撰写、去丰富。现在到了手册的尾声：回到青春。

年轻人有自己美好的青春，但是，青春在奋斗中、在奉献中、在创造中才会更美丽。

最近有人说起现代年轻人晚熟的话题。到底是什么让 90 后不想长大？这是个真命题，还是个伪命题？年轻人可以各抒己见。我相信，各位新教师一定会有成长的愿望，当下也有让我们成长的平台与机遇；也相信学校会给年轻教师更多、更大的上升空间，让教师有更大、更好的发展。新教师在教书育人的岗位上唱响新时代教师的青春之歌，这首青春之歌的主旋律是，做立德树人的好教师。

始终站在美的一边

在我关于儿童的研究中，18岁是一个重要的年龄节点。从心理学研究的角度看，18岁是一个人儿童期的结束；从法制的角度看，联合国《儿童权利公约》所界定的儿童，也是指18岁以下的所有人。因此，开展儿童研究不能不关注18岁。可是，我们对18岁的学生又有多少了解呢？可以说很少很少，甚至还带有不少偏见。

18岁的孩子大多已经高中毕业，充满着对未来人生各种各样的憧憬，身上洋溢着激情、浪漫等多种特质，做事不可避免地会因为冲动而不着边际，情绪也会因一时挫折而变得脆弱……不过，无论是哪种情态，18岁总是美好的，总是向上向善的，总值得回忆和歌颂。所以，我也常常会想起一些所听到的有关18岁的故事。

第一个故事发生在东北师大附中的大帅老师身上。大帅老师曾在东北师大附中就读，大学毕业后又回到母校任教。在此期间，有两张"三好学生"证书真实记录着他中学时代的结束和教师生涯的开始。第一张"三好学生"

证书是由大帅老师的同学给他制作、颁发的。那是2007年，大帅还在读高三，正是18岁的好时光。那天，他与班里另一名学生以相同的票数当选"三好学生"，但由于名额限制，他选择了退出，礼让同学。但是同学们认为他的确优秀，完全有理由当"三好学生"，同时也被他的谦让所感动，于是就为他手绘了一张荣誉证书，落款处的颁发单位署名"东北师大附中高三（5）班"，并加盖了自制的印章。大帅非常感动，一直珍藏着这张证书。后来，班主任老师又向学校争取了一份证书，并同大帅商量，毕业时由自己替他保管这份手绘证书，用来纪念这个团结而充满友爱的班集体。十年后，班主任又亲手把这张手绘证书还给了他。大帅老师说，这张手绘证书让他深深记住了什么叫班集体、什么是真正的友谊，也让他在走上教师岗位时记住了一个字：爱。

大帅老师的故事一直在我内心翻腾，我的激动绝不亚于当年的大帅同学；这个故事对我所产生的鼓舞，同样不亚于对今天的大帅老师。我想起"百岁少年"、著名翻译家许渊冲说过的一句话："始终站在美这边。"大帅老师的故事是美的：大帅的谦让之美、同学的友爱之美、班主任的成全之美……站在美的一边，就是站在美德一边、站在友谊一边、站在正确价值观一边。

我听到的有关18岁的另一个故事，发生在一位省教育厅老厅长儿子的高中时期。他讲出这一故事时，当年的同学都已经大学毕业，并且有了不错的工作业绩。当时，他们班里的一位同学成绩十分优秀，尽管如此，家长还一定要让他每次都考班上的第一名。这无疑是一种巨大的压力，压得这位同学感到紧张、焦虑，影响了身体，也影响了心理。于是同学们聚在一起，瞒着这位同学找到一条"妙计"：在关键性的考试中，大家故意考差点，压低自己的成绩，以便让这位同学的成绩占据第一的位置。在毕业后的一次同学聚餐时，大家终于说出了当年的秘密。"档案"解密了，大家欢笑起来，而那获得"第一"的同学也在欢笑中多了一份感恩，多了一份深深的思考。

　　上面两个有关18岁的故事令人意想不到，却又那么真实。这故事中蕴含的是智慧吗？当然是，因为智慧是不张扬的，总是藏在悄悄之中、默默之中，一如庄子所言"大知闲闲"。闲者，空也；空者，无限大也；闲闲，坦然、淡然也。仅仅是智慧吗？当然不仅仅是，智慧的灵魂是道德、是博爱、是信任、是无私地付出，不求认可，更不求回报。仅仅是道德吗？也不仅仅是。究竟是什么呢？是美的心灵，纯洁、纯真、纯粹。是的，他们也始终站在美的一边。

　　许渊冲曾在18岁时用英文译过一首新诗，是林徽因为了悼念徐志摩而写的《别丢掉》："别丢掉，这一把过往的热情……你仍要保存着那真！一样是月明，一样是隔山灯光，满天的星，只有人不见，梦似的挂起……"18岁的热情，18岁的灯光与星，18岁的真，18岁的青春之梦，18岁的美。这一切都不能丢掉，要铭记在心。

　　学生之间有着多少故事，我们不可能都知道，因为我们无法真正走进他们的生活，走进他们的世界，更无法走进他们的心灵。我们只有相信学生，无条件地；依靠学生，没有任何理由地；站在美的一边，永远地。唯有如此，所谓教育研究才会从善端出发，也才会落在美的一边。当研究是美的、教育是美的，学生才会是美的，生根、铸魂、益智、润心，这一教育的本质与目标才会真正实现。

不让目的颤抖

之前看到《光明日报》上的一篇报道,题目意味深长,令人回味无穷——《安志顺:一生打遍各种鼓,唯一不打"退堂鼓"》。

88岁的安志顺,将陕北硬汉的豪情、担当和一辈子的生命体验全敲在鼓上,用鼓声讲述民间故事,传递人间喜怒哀乐,将原本单调的鼓乐演奏得有声色、有灵性、有情味。意大利作曲家称他为"中国打击乐的贝多芬"。安志顺在加拿大演出时,当地媒体评价称:"中国的打击乐把加拿大人打得灵魂出窍。"

在一个正高级教师培训班上,我请一位老师把这篇文章读给大家听,大家深为感动,也深受启发。有的老师说:"我永远记住,一生打遍各种鼓,唯一不打'退堂鼓'。人生为一大事来,人生做一大事去,做好教师要付出一辈子的努力。"有的老师说:"有人称安志顺为'鼓神''鼓王',但他说'我一辈子不敢称王,谁称王谁完蛋'。告诉我们人应当有理想、有追求、有格局,但一切都是在自然而然的过程中慢慢'长'出来的,否则想称王的目的一定会让你走向失败。"还有一位老师这么表达:"安老说打了一辈子的鼓还'蒙在鼓里',多妙的关联、对接,因为人外有人、天外有天。"

一篇非教育的文章,竟然引起这么多教育人的共鸣和强烈反响,我对此并不感到意外。这是一个跨界、对话的时代,"流动的边界"让大家走到一起来,"边界上的对话者"共同构建了一种充分的文化意义。而我最想说的是,人生应当有目的,但目的不能过于强烈,否则会产生"目的性颤抖",让目的最终失败,那就是"谁称王谁完蛋"。"目的性颤抖"是心理学的概念,指目的让人的心理发生剧烈变化甚至震荡,进而引发动作变形,目的也会发生扭曲。之所以会发生这样的心理变化,产生这样的后果,一是因为他不知道学无止境的道理而浅尝辄止,让他一直"蒙在鼓里",不知其然,更不知其所以然;二是因为过于功利,一切冲着功利而去,于是浮躁以至浮夸,以至浮华。目的的变形,当然会让目的颤抖起来,颤抖性目的迟早会惩罚你,会让目的最终失败。

这样的例子并不少见。一段时间,大家都在"冲"各省的基础教育教学成果奖和国家基础教育教学成果奖。省级乃至国家层面的教学成果奖,意味着教学改革的重大进展,是对教学改革的精神品质、实践品位与理论品格的肯定,也是今后深化改革方向的引领,当然也是高级别的荣誉。我们必须抓紧时间,下功夫、花气力,不断研究、不断开发、不断概括、不断提炼。这样的态度应当赞扬,这样的方法也应肯定。但有时候往往事与愿违,甚至适得其反,"名落孙山"。名额有限、竞争激烈固然是其中一个重要原因，但是我们也要学会反思，多问几个问题：你打了"一辈子的鼓"了吗？你像安志顺那样——"鼓里有路，路上有鼓，鼓与天对话，怒而击之，则武。喜而击之，则乐。悲而击之，则忧"——把全部的心血、情感，以至灵魂都投在教学改革中了吗？你还"蒙在鼓里"吗？你研究在深处、改革在关键处、探索未来了吗？不断追问、反思，我们不难得出一个结论：成果奖是天长日久的日子里"长"起来、成熟起来的。没有十年"寒窗苦"，哪来"功成名就"，把功夫下在平常的一个又一个三百六十五天吧！

由此我自然想起首届国家基础教育教学成果奖特等奖获得者李吉林老师。李老师用了 40 年潜心研究情境教育，从情境教学到情境教育到情境课程再到情境学习，创建了中国特色的情境教育理论，构建了中国儿童情境学习范式。一路走来，她始终坚信不疑，坚定不移，孜孜以求，步步深入。对此，她用两个比喻来诠释："我是一个竞走运动员，又是一个跳高运动员。"竞走运动员喻指脚踏实地、永远向前；跳高运动员喻指自我突破、不断超越。她从来没想过获奖，更没想过获特等奖，就连申报之前上交相关材料时，她还在说："全国高水平高质量的成果那么多，高手如林，我试试吧，也算是一次经历、一次淬炼。"

成果奖的申报如此，文化建设、组织管理、名师成长、儿童研究……都应这样有理想追求、有目标引领、有规划实施。一切工作都有目的，但要去掉功利之心，防控目的性颤抖，不打"退堂鼓"，也不打"升堂鼓"，不写"急就章"，一切都在努力中，一切都会自然生长起来。

鲲鹏展翅：青年教师发展的象征

当下，年轻人中流行一些词语：内卷、焦虑、躺平……这些现象或状态真的存在吗？我既相信又不完全相信，尤其不相信在年轻教师中普遍存在；即使存在，也只是一种带有自嘲或自讽的笑谈。"双减"政策实行后，教师的工作时间延长了，工作量加大了，更忙更累了，但他们心中仍有一束光在跳跃，在闪耀——他们让所有人感动，用伟大来赞誉并不过分。同时，我也相信，在政策深入实施后，这种情况、问题应当逐步解决和改变——年轻教师需要关心和帮助。

我想说的是什么呢？想说的是心中的那束光究竟是什么？光的跳跃与闪亮又意味着什么？答案肯定是多元的。不过其中有一点可以完全确证，那就是年轻教师渴望成为优秀教师，渴望成为名师，在教书育人中实现个人的理想与价值。这一答案几乎在所有学校可以得到印证。

比如在南京市琅琊路小学。那天上午，我参加琅琊路小学校刊《鲲鹏号》创刊研讨会。他们用鲲鹏喻指心中的志向，描述学校及集团校所有教师的发展愿景，我被深深感动了。

刹那间，庄子《逍遥游》中的句子在脑海里飞扬："怒而飞，其翼若垂天之云""水击三千里，抟扶摇而上者九万里"……此乃真正的逍遥游。如今以"鲲鹏"为刊名，理想宏大，雄心壮志，虽远而近，虽高而可努力攀登。我问年轻教师："你们认同这一刊名吗？"他们的回答让我又一次心生敬佩之情："以鲲鹏为刊名，就是做鲲鹏样扶摇而上九万里。"青年教师可爱、可敬，因为他们有志气、有骨气。

在讨论这一校刊的栏目设置时，大家认为要与鲲鹏和《逍遥游》的精神发生关联，让栏目名称产生翱翔的意象，结果形成了以下栏目：《飞扬》《沉潜》《厚积》《勃发》《托举》《集结》。将这些栏目名连缀在一起，岂不是鲲鹏展翅遨游天宇的形象吗？而这些不正是青年教师渴望成长的关键因素和成长的路线图吗？是的，这些正是青年教师与我们所企求的境界。新时代青年教师就应该如此：立大志、明大德、成大才、担大责，堪为大用。

飞扬：志向与抱负。青年教师需要扎根大地，脚踏实地，一步一个脚印，勤奋刻苦；但又要仰望星空，心中有梦想，思维激荡，思想飞扬，有更宽的视野、更大的格局、更高的追求。亦如《月亮与六便士》中所写，如果只专心在路上寻找金钱，那么就忘了天上的月亮，也看不清脚下的路。要让理想之光照亮大地，飞扬也意味着青年教师应当有丰富的想象力。想象是创造的先导，想象力实则为创造力，想象的飞扬能让自己升腾到一个新的阶段。

沉潜：实践与研究。青年教师在向上飞扬的同时还要向下沉潜。向下沉潜意味着沉下心来，耐得住寂寞，要沉浸到教育教学改革实践中去，潜心钻研，从丰富的行动中汲取营养、滋润心灵；要以身体之、以心悟之，不浮夸、不浮华，探索规律，要在教育教学的基本问题上厘清、澄明，让价值敞亮起来。向下沉潜，用"嚼得菜根，做得大事"来诠释是最生动的，在向上飞扬、向下沉潜中形成思想的张力和成长的辩证法。

厚积：学习与积淀。"水之积也不厚，则其负大舟也无力。"知识之所以是力量，是因为知识不是固体而是流动的液体。知识在不断生成。教师的知识需要不断更新，才能在新知识观的引领下获取新知识、生成新经验。青年教师需要广泛阅读，需要海量阅读，让阅读积厚自己的学识储备；青年教师需要经受多种考验，在历练中成长；要永远记住我们的工作不是因为它太简单，而是因为它具有挑战性。青年教师要沉淀经验，淘洗心得，提升境界；永远记住，厚积才能薄发，积蓄能量才能一飞冲天。

勃发：表达与展示。青年教师的成长要沉潜心思，又要勇于表达——表达自己的所思所想，表达自己的聪明才智，表达自己独到的见解。展示是表达的一种形式，展示的不仅是自己的进步和成绩，还要在展示中倾听意见、修正想法、改进提升。如果厚积是基础，那么表达与展示则是基础上的一次跃迁。勃发的壮志，才是飞扬的青春状态。

托举：制度与保障。"风之积也不厚，则其负大翼也无力。"青年教师的成长需要风的托举，此风则是制度的设计、政策的扶持、条件的保障、力量的赋予。制度改革的核心是相信教师，解放教师；条件保障的核心是专业的指导与物质条件的支撑。

我们具备以上精神品格后，"鲲鹏号"才会是"集结号"，才会有新的召唤，开始新的出发。在鲲鹏"逍遥游"的时候，青年教师已在"四有"好老师之路上迈进了新境界。

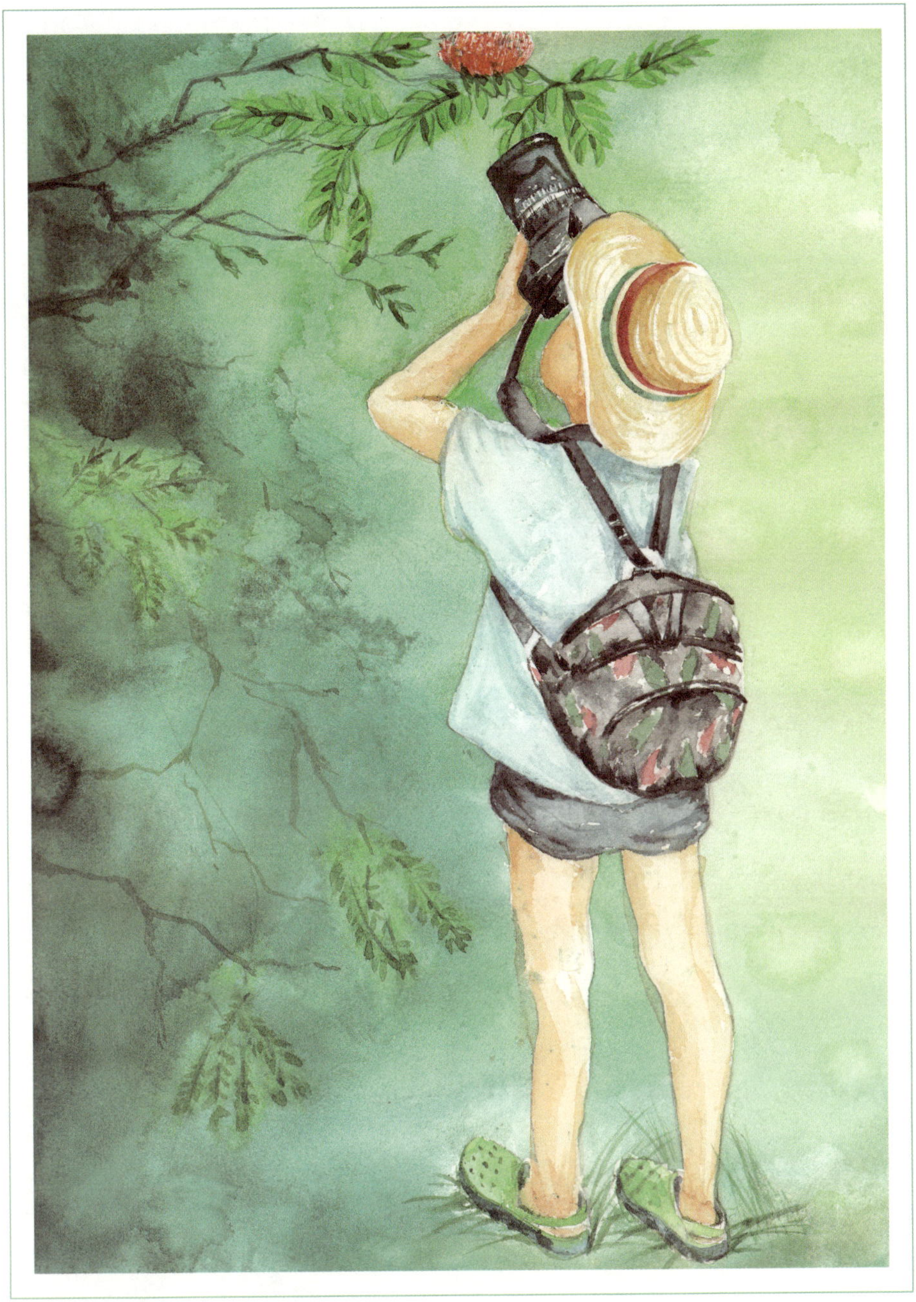

我们应该思考一个问题：年轻的品格仅仅是年轻人的品格吗？当然不是。"年轻的品格"与"年轻人的品格"不能等同。年轻的品格不只属于年轻人，也属于所有人；她不只是对年轻人的赞扬和歌颂，也是对所有人的关怀、鼓舞和期待。如果把她比作一座花园，所有的花都会向所有人微笑；如果把她比作一片森林，所有的树都会引导所有人向上生长；她像蓝色的波浪拍向所有新的海岸，又像灿烂的晨曦洒向所有希望的田野……

是的，年轻的品格属于每一个人，属于各个年龄阶段的人，可以照耀人的一生。各个年龄阶段的人，年轻的品格都在成长。年轻的品格具有终身性。

第二辑
让身份闪耀信仰之光

信仰，年轻品格的灵魂。信仰铸造品格，品格映射信仰。多种身份，一个信仰，教育家为我们作出榜样。中国式教育现代化需要更多的"起来先生"和"来先生"。

让身份闪耀信仰之光

一个人不能没有信仰。信仰是一种精神力量，是脊梁，是灵魂。失去信仰，便丢失了灵魂，坍塌了脊梁，从本质上不能称其为人。

年轻人必须树立自己的信仰。信仰支撑着并引领着自己的成长，信仰让年轻品格更有高度。信仰铸造品格，品格映射信仰。

人的信仰，归根结底是种核心价值观的固化与坚定。核心价值观往往凝聚在人身上，所以，我们常叫"人的信仰"。人在追求核心价值观的过程中价值观也在不断深化，进而凝练为人的信仰。人的信仰又往往体现在他对身份的认知上。对人身份的认知，不只是情绪特征的认知，不仅是心理的调适，也不仅仅是对行为的改进，最最重要的是透过角色、身份，看到自己的灵魂，树立信仰，让信仰在行为中闪光。

人的身份又是多样的，不同的语境有不同的角色、不同的称谓。但是不管身份怎么变，人的品格不能变，人的信仰更不能变。不仅不能变，还要更坚定、更闪亮。在这方面，许多人为我们作出了榜样。他们的信仰都在年轻时树立，又在极其复杂的经历和艰难的情境中经受了考验，实现了信仰与身份的统一，让身份更有光彩，让信仰落实在身份的跃升与行动中。

钱学森是树立信仰的典范。他有两个身份——"人民科学家"与"共产党员"，但只有一个信仰——对祖国的忠诚、为了中华民族的强盛。1947年，35岁的钱学森已经成为全美知名的航空和火箭专家，同时对原子弹和核动力等方面也有深入研究。他是麻省理工学院第一位中国籍教授，广博的知识和全球性的战略视野为他后来成为战略科学家奠定了基础。但是，他坚定不移地回到祖国。他说："我不稀罕那些外国荣誉头衔。如果中国人民说我钱学森为国家、为民族做了点事，那就是最高奖赏。"在党和国家领导人的关心和领导下，钱学森更加坚定了马克思主义信念和共产主义信仰。1959年，钱学森实现了夙愿，光荣地加入了中国共产党。正如他自己追求的那样，"科学技术救国""尽我最大的努力帮助中国人民建设自己的国家，过上有尊严的幸福生活"。他的愿望实现了。

钱学森用一生的奋斗，诠释了"人民科学家"和"共产党员"两个身份，最终在对马克思主义的信念、对中华民族逐步强盛的信仰中实现了两个身份的高度统一：人民科学家不能没有信仰，一定要有爱国情怀、强国志向、报国行动，有为民族振兴奉献自己的抱负与使命感；共产党员应当勤奋学习、刻苦钻研，有真才实学、有高强的本领。没有信仰的科学家是没有方向感、没有灵魂的；没有科学家精神、真本领大本领的共产党员也不能真正为人民谋福利。一个信仰让两个身份相通相融，让两个身份同时发光发亮。

聂耳是信仰的创造者，坚持为信仰而奋斗。聂耳是人民音乐家，又是胸怀"国之大者"。他一生的心愿就是"做革命的音乐""代替着大众在呐喊"，他一生的信念就是"我是为社会而生的"。他的信念在"起来，起来，起来""前进，前进，前进进"中升华为信仰。1949年10月1日下午3时，随着一位伟人令世界震撼的声音，中国人民从此站起来了。"这一首承载中华民族苦难史、忧患史、团结史、奋进史的战歌、军歌，在这一刻获得了全新的生命意义，成为坚不可摧、不可逾越、前所未有的精神长城，日迈月征，演化为中华人民共和国的象征和标志。"(《国之歌者、时代先声》，作者时遂营)聂耳的心愿成了信念，信念成了信仰，信仰让这位"人民音乐家"与"共产党员"的两个身份得到了统一与升华，成为人民永远怀念和敬仰的"国之歌者"。

信仰是在百炼成钢中形塑起来的。聂耳告诉我们应如何对待苦难。中华民族的苦难炼就了他的品格。小时候念不起书，6岁的他对妈妈说："妈妈，咱家穷，读不起书，你能带我去学校看看吗？"妈妈对他说："这个家，这个窝，虽说没有金子、银子，但是要有骨气、志气。"聂耳告诉我们应如何对待天才，如何炼就勤奋刻苦的精神。无疑，聂耳是天才，但"天才就是劳动"成了聂耳心中的信念和行动的指针。聂耳告诉我们应如何对待社会不良现象。用革命音乐唤醒民众，成了他的责任。面对老师所支持的靡靡之音，正义感和科学精神再次在他心中沸腾。他的老师黎锦晖称他为"镊子"，如外科医生镊取人身上腐烂肌肤，"奋斗救国，动起干戈，我们来尽忠报国"！的确，信仰是锤炼而成的，不是空洞的，是具体的、实践的。年轻人应当在关键时刻，处理好各种关系，经受各种挑战，让自己的信仰鲜明起来、坚定起来。

于漪是信仰的杰出践行者。于漪，人民教育家，她的信仰是教书育人，培养能担当民族复兴大任的时代新人。她的几句话凝聚着她心灵的时代呼唤："我站在教室里，两个肩膀，一个肩膀挑着孩子的现在，一个肩膀挑着民族的未来。""今天的教育质量就是明天的国民素质。"于是，她"一辈子做教师，一辈子学做教师"。信仰让她"一走上讲台生命就开始歌唱"，也让她在看到食堂里扔下没吃完的馒头时，严厉地说："我们培养的不是公子公主的贵族，一定要吃苦，要在艰难中磨炼成长。一身正气，永不改变的信仰。"要求教师，"有信仰的人讲信仰，有道德的人讲道德，智者培养学生智慧。"

于漪的信仰，是在小学生时代，音乐教师给他们上的最后一堂课"苏武牧羊"，让她看到了民族的正面，看到浴火奋斗中的民族脊梁；是在中学时代，"一切为民族"的校训，给她上了一堂一生永不磨灭的信仰之课、灵魂之课。

我们在社会活动中都有自己的身份。身份其实是一种责任，也是锻炼自己信念、信仰的熔炉。年轻的品格正是在身份中涵育而成，信仰会在身份的践行中跃升起来。让身份唱起信仰之歌，我们的青春才会灿烂，我们的生命才会发出意义之光。

"起来先生"与"来先生"

"起来！不愿做奴隶的人们！把我们的血肉，筑成我们新的长城……"雄壮的国歌声永远响彻在祖国的蓝天，永远回响在我们的心灵深处，激发起我们的昂扬斗志，汇聚起民族复兴的磅礴力量。尤其是起句"起来"贯穿国歌的始终，歌词结尾又是连续几个"起来"，一次次的呼唤，一次比一次高亢、激越。据说当年聂耳看到这一歌词后，半夜撞开田汉的房门，激动地说："让我来谱曲……"在艰难岁月里，在战争烽火即将燃遍祖国大地的时候，"起来！"的歌声像一声惊雷，刺破了黑暗的夜空，唤醒了沉睡的同胞。后来有人索性称田汉为"起来先生"。

"起来！"是惊雷般的唤醒，是钢铁般的誓言，是巍然屹立的身姿，是中华民族不屈不挠的形象。"起来！"既是历史的呼唤，又是时代的召唤，是伟大的民族精神，更是新时代以中国式现代化推进中华民族伟大复兴的真实写照。1949年，中华民族勇敢地站立起来，挺直了脊梁；改革开放以来，尤其是近十年，中国正在走向共同富裕；随着新动能、新领域的开发，中国的伟大复兴将会实现，中国将最终强起来。从站起来到富起来再到强起来，这是中国历史的逻辑、时代的逻辑、未来的逻辑，不可阻挡。只要我们"起来"，中国的和平崛起才是必然的。在"起来"中，富贵不能淫、贫贱不能移、威武不能屈的"大丈夫"永远挺立；在"起来"中，为天地立心、为生民立命、为往圣继绝学、为万世开太平的宏愿定会成为事实。当然，在"起来"中，那种躺平的想法和状态将被击破。"起来先生"义不容辞地肩负起呼唤、激发、鼓舞、引导的任务。

中国有"起来先生"，还有"来先生"。"来先生"是我给陶行知先生取的名字。称陶行知是"来先生"，是由于受到他的知与行、言与行的言论的启发。陶先生说："人生为一大事来，做一大事去。"他又说："捧着一颗心来，不带半根草去。"在这两个"来—去"中，陶先生的崇高精神与品格生动凸显。这里的"来"，是来为教育鞠躬尽瘁，为民族培养新人。陶行知的"来"还凝聚在他写的《教师歌》中："来，来，来！来到小孩子的队伍里，发现你的小孩。你不能教导小孩，除非是发现了你的小孩。来，来，来！来到小孩子的队伍里，了解你的小孩。你不能教导小孩，除非是了解了你的小孩。"后面还有三小节，也是同样的表述方式："来，来，来！来到小孩子的队伍里，解放你的小孩……来，来，来！来到小孩子的队伍里，信仰你的小孩……来，来，来！来到小孩子的队伍里，变成一个小孩……"陶先生一直在孩子中，也不断在呼唤我们"来到小孩子的队伍里"。陶先生真的是"来先生"。

"来先生"召唤我们"来"，实质是召唤我们去"做"。"来"的目的是"做"，"做"是"来"的继续，也是"来"的目的。当然，这里"来"的绝不只是一个人，而是大家都来做"来先生"，做起来，做出来，持续做，创造性地做，做得好，做成功。"做的哲学"让先进的理念、思想转化为丰富生动的实践。为此，我们要勇敢地"来"，来创造新时代的新赛道，做新赛道上的奔跑者、奋斗者、奉献者、创造者；来到中国式现代化建设大军里，增强文化自信，提升关键能力，踔厉奋斗，守正创新；来到新课程改革中，以课程改革推动更高水平育人体系的构建，撬动教育的高质量发展。

无论是"起来先生"，还是"来先生"，都有一个"来"，而这个"来"最终是扎根中国大地，瞭望辽阔世界，面向美好未来。未来充满不确定性，但这并不可怕。可怕的是理想信念的缺失，是斗志的松懈，是创新精神、创新能力生长得过于缓慢。正因为意识到各方面的不确定性，我们才要努力从中寻找确定性，在做好充分准备中生长起信心。这需要我们都做新时代的"起来先生"和"来先生"。

中国式现代化建设要蹚过千山万水，甚至要经历险山恶水，经受千难万险。但有了"起来先生"和"来先生"的精神鼓舞和行动感召，相信我们一定会千帆竞发、百舸争流，指点江山、激扬文字，谱写出中华民族伟大复兴的壮丽诗篇。面朝未来，繁花似锦，伟大中国梦的实现指日可待。作为教育者，我们要保持乐观期待，努力争做新时代的"大先生"。

爱国：年轻品格的精神内核

翻译家杨苡先生走了，走在早春二月。但她给我们带来了温暖和希望，除了伤感，我们更多的是崇敬与怀念。

那个说"人生从80岁开始"的杨苡走了，活了104岁。最后的24年，和她80岁以前一样精彩，甚至更灿烂。她告诉我们青春不问年龄。

那个将《呼啸山庄》的故事演绎得淋漓尽致的杨苡走了，从"世界文学之都"南京去了另一个世界。她跌宕起伏的人生也应该呼啸一番。

杨苡永远年轻。她永远年轻，是因为她渴望自由，在山河破碎时，不做金丝雀，偏要做《家》中的觉慧。她永远年轻，是因为她乐观豁达，在艰苦岁月，仍快乐生活、玩着做学问，向往文学，追求真理。她永远年轻，是因为她挚爱自己的祖国，她铭记曾经就读的中西女校的校歌："勉为国家栋梁，鹏程万里，不可限量，为我祖国发光。"爱祖国的人永不老。

杨苡，以她的一生，以她的才华，演绎了青春，印证了人生意义；以她的爱国主义精神诠释、丰富了年轻品格的内涵与意蕴。读杨苡，在轻松的同时有着厚重感，我们总是很感动。

讲杨苡的几个小故事，小故事告诉我们的有很多也很深。

在国破家亡的危难时期，杨苡和她的同学爱国热情越来越高涨。她也爱看电影，特别崇拜好莱坞明星璐玛·希拉。为什么呢？我们从她给璐玛·希拉的信中知道了原因。她在信中特别提到，好莱坞的电影里出现的中国人常常是被丑化的，而璐玛·希拉从不出演辱华的电影，所以，杨苡特别喜欢她。璐玛·希拉专门给她回了信，还寄给她亲笔签名的照片。年轻人崇拜明星的现象早就有了，这很正常，但杨苡不盲目，她心中有标尺和准绳，有她的原则和立场——那就是爱自己的祖国。年轻人有年轻人的爱好与追求，但问题在于你心中的那标尺和准绳；年轻人有年轻人的冲动，但冲动的同时，应该保持一种理性，这理性是别忘了自己的价值判断。杨苡告诉我们，年轻的品格要以爱祖国、爱自己的民族为精神内核。杨苡的年轻品格中有风骨，有中华民族的基因。

杨苡出生在天津，在中西女校学习，学习认真，成绩优良。毕业时，按照惯例，班级同学送学校礼物。送什么好呢？杨苡提出了一个任何人想不到的建议，不是一面镜子，不是一个牌匾，不是种下一棵树，而是送学校一根旗杆。为什么呢？她说，国家受到日本的疯狂侵略，特别想让国旗升起、高高飘扬。读到这儿，我怦然心动，热血沸腾。一个与五四运动同时诞生的女学生，在风雨飘摇的中学生时代，受"一二·九"运动的影响，不甘屈辱，挚爱祖国，一个火种在心里萌发、燃烧起来。我们似乎看到了那旗杆，那旗杆其实象征着民族的脊梁。杨苡有着丰富的想象力，这种想象总是与其所处的时代紧密联系在一起。她有大爱，有大德，有大情怀，想象从苦难岁月里起飞；想象不仅在奇特和精妙，而更在想象思想的厚度、情感的烈度。也许这是最可贵的奇特和精妙。杨苡告诉我们，如果一个年轻人躺在自己的世界里，不和祖国的命运系在一起，怎么称得上一个爱国的好青年呢？年轻的品格要求我们跳出自己的小圈子，奔跑在祖国的田野上。

杨苡才华出众，多才多艺，英文尤好。在那个特殊的年代，因爱国主义情感的驱动，她和同学的内心是排斥英文教育的，私下开玩笑地把说英文叫"放洋屁"。毕业演出《玩偶之家》，杨苡带头提出用中文演出，而不是用英文。当然，这里面有开玩笑的成分，但是发自内心，表达了一种强烈的爱国之情。其实，杨苡不反对学英文，她有语言的敏感性，语言的天赋在她身上表现得尤为突出。她翻译《呼啸山庄》，英文、中文的转化那么精确，那么具有神韵。梁实秋曾将作品译为《咆哮山庄》，杨苡重译时一直觉得译名不妥。在翻译期间，在某个风雨交加的夜晚，她感受到疾风呼啸而过，雨点洒落宛如凯瑟琳的哭泣。她反复念着原文，现实的感受与书中的情境交织，得出"呼啸山庄"这神来一笔的书名，才华横溢，才情沸腾啊！她的那句开玩笑的话，是用来抒发爱国情感的强烈，而不是排斥、否定英语教育。杨苡告诉我们，语言是我们的家园，母语就是我们的热血骨肉，任何时候都要热爱母语。杨苡以自己的亲身经历，从语言使用的角度生动而深刻地演绎了年轻品格的情感血脉，印证了年轻品格的深刻性。

讲了三个小故事。故事是人的确证，是时间的人格化。最近，我特地去了杨苡的故居，瞻仰，徘徊，沉思，此时的感觉，就是"百年风华，呼啸而过"，就是年轻品格永远导引着人生的方向。

（本文写作参考并选用了《百年风华呼啸而过》一文中的有关内容，该文作者为井超。）

大先生的"眼睛法则"

"未来先生"应当是本书,是一本大书。书的主题应当是"风骨"两个字。

这不完全是我的创造——尽管十多年前我就写过教育家的风骨、风度、风格。的确有本书叫作《风骨》,还有一个副题"当代学人的追忆与思索",写的是当代学人。在我看来,当代学人应该就是未来先生,抑或是未来先生的"当代型"。29位学人中有一位宁宗一。宁先生是南开大学的教授,90多岁了,他给《风骨》写了个序,题目《努力给历史备份底稿》,大气、深刻、摄人心魄。历史底稿是馈赠给未来最珍贵的礼物。未来先生就应有这样的气魄和使命感,未来先生就应从现在走向未来。

中华民族的未来是无限美好的,因为民族复兴的伟大中国梦引领着中国的未来。党的二十大又给新时代新航程的复兴号巨轮扬帆远航构造了未来的、又将是历史的坐标。未来的坐标将开辟新领域新赛道。未来先生将勇敢地走上新赛道,开始新的起跑,做新赛道的开拓者、奋斗者、创造者。

这份历史的底稿应当有双眼睛。有个眼睛法则:任何物体只要给它加上一双眼睛，你就会觉得这个物体瞬间拥有了生命。法则的结论是：眼睛是生命的象征——这是古老的秘密。如今这古老的秘密有了青春的智慧。未来先生原本就有一双慧眼，现在更应该用这双慧眼去仰观宇宙之大、俯察品类之盛，游目骋怀、心向未来；把视野投向中华民族的未来，让未来来到我们的面前。

未来先生的双目投向未来，其实首先是投向学生的现在。于漪老师就是位大先生。她用肩膀在教室里挑着学生，挑着学生就是挑着未来，因为有什么样的学生就有什么样的未来。眼睛里有学生，心里更有学生，爱学生、尊重学生、信任学生、引导学生，这是未来先生的"眼睛法则"。

未来先生把热切的目光投向学生还不够，还应该追索看到什么、想到什么、感受到什么。有学生写自己的亲师程千帆先生，说千帆先生满眼的惊奇感、陌生化、想象力。读到这些句子，我觉得千帆先生像个儿童，大概"百岁之童"正是这个样子。未来不管怎么变，未来先生的这三条不能变，它们是永恒的。

惊奇感。世界如此之大，宇宙如此之丰富，中国发展如此之快，我们能不惊奇吗？往小的方面讲，对校园里的变化，对新课程、新教材、新教学，应该投出惊奇的一瞥，心里激荡起改革的涟漪；对学生微小的变化、不起眼的进步，也应眼里放光，露出惊喜的表情。惊奇感是一种创新的激情，未来先生的惊奇感是创造感。

陌生化。面对眼前的一切，的确有许多陌生的人与事。陌生是正常的。

"陌生化"则不一样，它是指对原来熟悉的东西也应该感到陌生，这样才会有新的发现。"熟悉的陌生者"促使自己重新认识、发现，获得新的启发。陌生化是对温故知新的又一种阐释。未来先生的陌生化其实是从严治学、创新教育的可贵品质。

想象力。爱因斯坦说，逻辑让我们从 A 到 B，而想象能让我们走到世界上任何一个地方。想象力是人类永远的特质和优势，人工智能也许会代替人类的许多许多工作，但人类的想象力它永远无法代替。想象力是创造的先导。我以为，世界上几乎所有的创造发明首先是想象出来的。未来先生要是没有想象力，就不可能走向未来，不能称之为未来先生。

未来先生的眼睛是一双中国眼，胸怀强国之志，扎根中国大地，瞭望世界。这是伟大的"眼睛法则"。老师们，让我们铭记"眼睛法则"吧，做个有民族风骨的大先生，给历史留一个精彩的底稿。

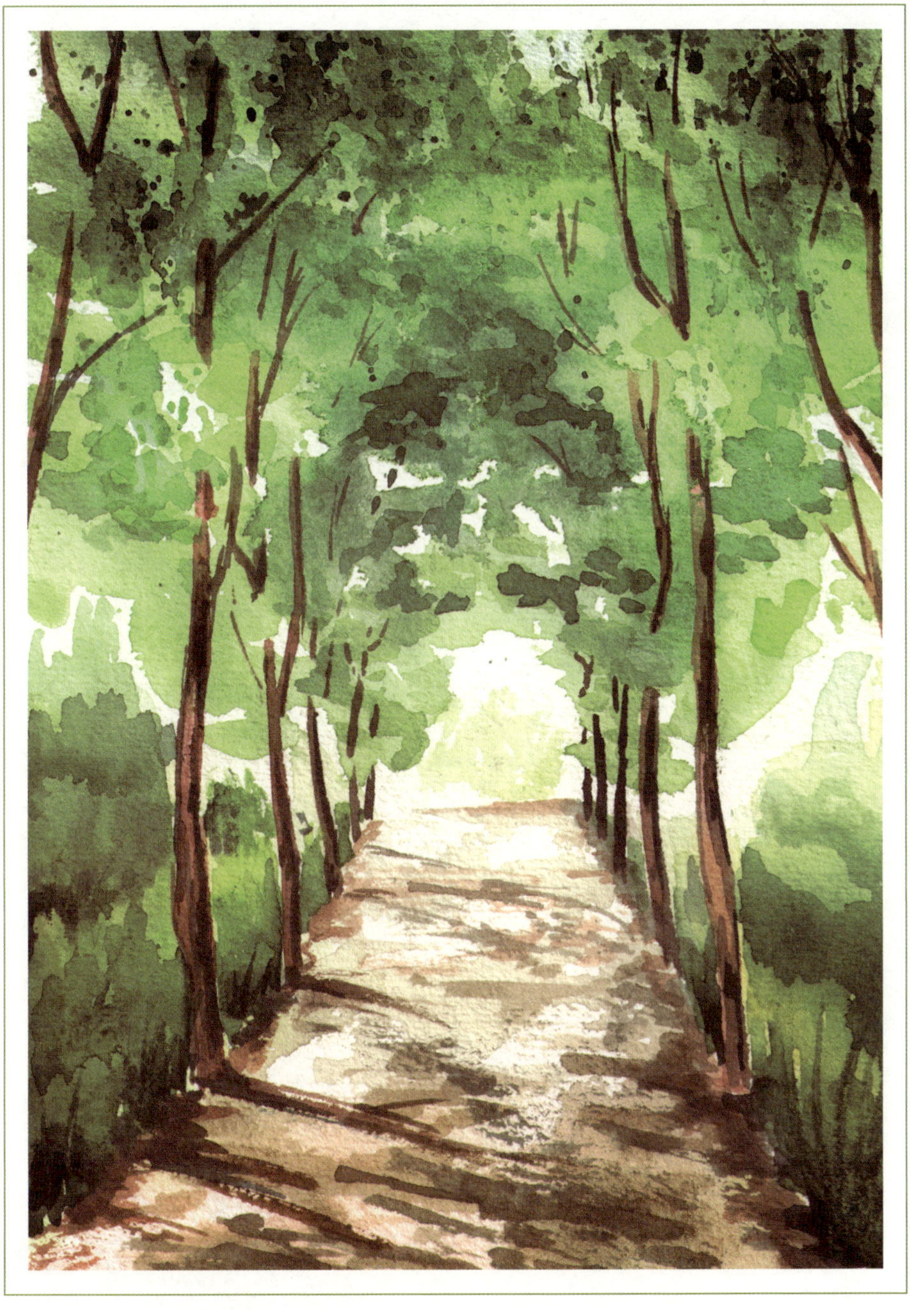

青年教师需要扎根大地，脚踏实地，一步一个脚印，勤奋刻苦。但又要仰望星空，心中有梦想，思维激荡，思想飞扬，有更宽的视野，更大的格局，更高的追求。亦如《月亮与六便士》中所写，如果只专心在路上寻找金钱，那么就忘了天上的月亮，也看不清脚下的路。

要让理想之光照亮大地，飞扬也意味着青年教师应当有丰富的想象力。想象是创造的先导，想象力实则为创造力，想象的飞扬能让自己升腾到一个新的阶段。

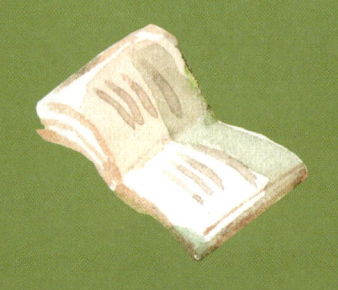

汪达之：闪着独特光彩的教育家

一 | 汪达之的目光：
陶行知精神、思想虔诚而深刻传承的透视

最近，拜读了刘友开老师的大作《汪达之评传》。读罢，我心潮逐浪高，"念天地之悠悠"，虽没有"独怆然而涕下"，却有钦佩、感奋之情，且激动不已。

掩卷，凝视书的封面，汪达之先生的塑像，深邃、坚毅的目光投向远方，焕发理想的光芒。不知怎的，总觉得汪达之的目光酷似陶行知，在汪达之背后，陶行知的塑像闪闪发光，渐渐地，他们幻化为一组群像，"捧着一颗心来，不带半根草去"12个大字照亮了天空，穿透了我的心。又总觉得还有一双目光，虔诚、敬仰、执着，仰望着陶行知、汪达之，那是作者的目光。正是刘友开的目光，把我们带到汪达之的身边，追随他的脚步，回望历史的风云，又开始"新安旅行团"的新时代之旅。

2021年，陶行知130周年诞辰。2023年，汪达之120周年诞辰。当年被陶行知特批的晓庄师范学校的"试做生"汪达之，始终如一地追随他的恩师陶行知，"为旧教育唱葬歌，为新教育唱进行曲"；听党的话、跟党走，在中国共产党的领导下，追求真理、追求光明，像他的老师陶行知那样，"人生为一大事而来"。汪达之，是大先生，是伟大的教育家，是后代人的楷模。这是一种传承和弘扬。

同样的，作者在过去的40年教育生涯中，用业余的时间，一直致力于对汪达之的研究，用他的话来说，"四十年来磨一剑，厚积薄发一线牵。撰写汪达之评传，告慰英灵重见天。民族振兴中国梦，匹夫有责乐奉献。不忘初心记使命，承先启后再向前"。这是值得庆贺，是值得学习的。因为这都是在传承和弘扬。

中华传统文化需要传承，中华教育思想、精神需要传承。传承是增强中华文化自信的过程，传承是创造性地转换与创新性发展的过程。在向时代的转换中，让传统在"过去时"的基础上，成为"现代时"以至"未来时"；在向实践的转换中，让理念、思想成为今天新背景、新格局下的新实践；在向教师的转换中，让陶行知、汪达之的精神、品格塑造新时代教师的人格，使他们成为立德树人的好教师。

二 汪达之：
中国教育家图谱中有着独特光彩的一位

实事求是地说，过去只知道汪达之其名，知道他是陶行知的学生，也知道他带领"新安旅行团"去宣传抗战，历尽千辛万苦，但仅此而已。读了这本"评传"，我才真正认识并发现了汪达之。汪达之将"捧着一颗心来，不带半根草去"当作自己的精神灵魂，将"社会即学校，生活即教育"当作自己的信条，将"为旧教育唱葬歌，为新教育唱进行曲"当作自己的使命，将"自觉觉人，自立立人"作为自己的人生境界。他创办"新安旅行团"，践行实践修学育人，成为儿童的引路人，在教育史上树起了一块丰碑。

说来惭愧，作为一个教育研究者，把教师专业发展当作重要课题来研究的人，对汪达之这样的教育家竟然知之甚少，知之模糊，实在是说不过去的。我现在的认识是，研究、学习陶行知，不能不研究、学习汪达之；要研究儿童，不能不研究"新安旅行团"。而这些都是《汪达之评传》告诉、启发我们的。

当下研究教育家，我们关注、研究那些在书斋、在校园里有着卓著贡献的教育家多，而研究像汪达之这样走在中国大地上、走在艰难困苦岁月里、直接参与革命斗争的教育家过少。中国教育家图谱里，应当有汪达之他们重要的地位，他们本身也是有着独特光彩的篇章。

三 | 新安旅行团：
又一个"少年中国说"

在看了整本"评传"后，我最想说的是，当年汪达之组织、带领的"新安旅行团"，历经17年之多的岁月，行程5万余里，足迹遍及22个省（市、自治区）。从淮安出发时只有14名学生参加，后来发展到600多名团员，他们参加过抗日宣传，参加过抗日战争、解放战争，并参加新中国建设。陶行知赞誉他们是"划分新时代"的"伟大宝藏"，并赋诗："谁说小孩小？划分新时代""一群小好汉，保卫大武汉"。

我认为，这群小好汉，是又一"少年中国说"。汪达之和"新安旅行团"的"少年中国说"，写在民族危亡、国家危难之时。他们心里装着"比我们更不幸的、还多着的孩子们以及国家、民族之大我"，勇作民众小向导，把生活教育与共赴国难及培养人才统一起来。一如他们的团歌里所唱的："别忘了，我们的口号。……我们的家破产了，我们的国遇了盗，……同学们别睡觉，把一切民族敌人都打倒……"

习近平总书记在给新安小学的回信里赞扬他们，"在党的关怀和领导下，不怕艰苦，足迹遍及大半个中国，以文艺为武器，唤起民众抗日救亡，宣传党的主张，展现了爱国奋进的精神风貌"。

写在抗日战争、解放战争岁月里的"少年中国说"，闪耀着爱党爱国爱民族的光辉，闪烁着少年奋斗精神的光芒，诠释着"少年强则国强"的理想信念。

袁隆平：伟大的教育家

这段时间，我一直"随"着袁隆平院士的去世以及人们对他潮涌般的真情颂扬和深刻评论在"想"。我以为"随想录"不能是随机地想，更不能是随意地想，而应该是在心灵真正被触动以后去深想。这样的"随想"，"录"下的将是灵魂的呼唤、时代的足音、改革的先声。无论于我，还是于其他人，都可能是一次次深刻的觉醒、价值的重塑、信念的坚定，也许甚至有可能是一颗改变自己的种子——这是我的追求。

无疑，袁隆平是伟大的。20 世纪 90 年代，美国生态经济学家、科普作家布朗向世界发出"谁来养活中国"的疑问。这一疑问不无道理，却被袁隆平破解了。袁隆平带着"禾下乘凉梦"和"杂交水稻覆盖全球梦"，领衔科研团队接连攻破水稻超高产育种难题，一次次刷新世界纪录。也许，袁爷爷和我们每个人的爷爷一样，只有一个朴素的愿望，希望自己的儿孙不要像他们那一代人一样饿肚子，而是一定要吃饱饭。袁隆平，中国最伟大的爷爷，中国最伟大的农民。

在我看来，袁隆平还是中国伟大的教育家。这不仅因为他也是教师，更重要的是因为他的"一颗改变世界的种子""一稻济天下"的思想与理想，生动而深刻地诠释了教育的真正内涵，给教书育人以丰富而深远的启示。他在中国大地上，用他的使命与智慧书写了一部教育启示录，成为能让教育改革切实解决实际问题的宝贵资源库。袁隆平让我们很自然地联想到教育与农业、育人与育种、成才与收获等隐喻外，还让我们产生更多的教育联想。

袁隆平一直有自己的心愿，后来，这一心愿成为他的雄心，以至"野心"，直至最后十年，他还有暮年的"野望"。杂交水稻亩产量突破1000公斤后，他开始把重点转向海水稻。这种水稻可以适应盐分较大的土壤，可以生长在盐碱地上。一旦海水稻能推广，粮食产量又将大大增加。无论是雄心还是野心、野望，总之是大胆的想象、勇敢的设想，也是理想和信念。教育就是要给学生一个伟大的心灵，让他们有"济己""济他""济国"，以至"济天下"的梦想。这一梦想不只是个人的，更是和祖国、民族紧密联系在一起的。想象是"伟大的潜水者"（雨果语），想象让学生生成无限的创造力，让生命更有质量更有境界。因此，当学生有点野心的时候，我们不要去讥笑，不要去指责，更不能掐灭。他们中肯定有夜空中那颗最亮的"星"，因为他们有一颗闪着理想光芒的"心"。

袁隆平将中国人的饭碗牢牢端稳在自己手上，中国的碗里装着满满的中国粮，给"谁来养活中国"的疑问，一个响亮的、不容置疑的回答。那么，教育呢？教育该给学生一只什么样的"饭碗"？这只"饭碗"里装满什么呢？显然，这是个比喻，比喻的是教育究竟给学生什么。回答是肯定的：良好的核心素养——正确的价值观念、必备品格、关键能力。用"饭碗"来比，洋溢着田野的芬芳，充满着人间烟火气。问题是，这只"饭碗"谁来造？"饭碗"里的粮食从哪里来？学生怎样才能稳稳地端住这只"饭碗"？在"稻花香里说丰年"的时候，我们一定要植根那块厚土，踏踏实实，扎扎实实，改革学习方式，变革育人方式，像袁隆平对报考他的研究生那样说的做："下田去！"

袁隆平把科研论文写在大地上，写在日复一日年复一年的稻田里。大地、稻田是他最辽阔的实验室。袁隆平说："每天把脚扎在稻田里，去认识水稻，熟悉它们的'脾气'，辨别品种，就如区分自家和别家的孩子一样。"是啊，我们认识孩子们吗？熟悉他们的"脾气"吗？能辨别出他们之间的不同吗？只有扎根大地的、写在田野里的教育科研论文才能真正改变课堂，才有真正的高质量。

袁隆平，伟大的科学家，伟大的教育家！

顾明远：学术人生的"诚之道"

皇皇巨著《顾明远文集》，真实表达并深刻映射了顾明远这位教育家丰厚而灿烂的学术人生。

顾先生将"修辞立其诚"作为学术之道，坚守"立足中国，走向世界"的学术立场和研究方向，提出"现代教育是现代生产的产物"的观点。阐明教育与生产劳动教育相结合是教育改革发展的普遍规律和客观要求，为倡导中国特色的素质教育，提供了理论支撑。阐明"教师主导作用与学生主体作用"的观点与要义，凝练了"没有爱就没有教育，没有兴趣就没有学习；教书育人在细微处，学生成长在活动中"的教育信条。开创比较教育研究，构建比较教育的体系。顾先生道德优美、学术纯粹，为我国教育事业作出了重要的学术贡献，并将在新时代继续推动教育改革，为落实立德树人根本任务作出新的探索和贡献。

一 《顾明远文集》：
真实表达并深刻映射了一位教育家丰厚而灿烂的学术人生

有人曾这么评述过人生：人生好比缺页很多的书，很难把它说成是一部书，然而，它又确实是一部书。顾明远教授的人生就是这样一部书，厚重、深邃、灿烂。《顾明远文集》（以下简称《文集》）记录、复现了顾先生的学术人生，尽管还有很多缺页，但真实、鲜活，同样厚重、深邃、灿烂。这部书将在中国现代教育史上留下闪光的一页，值得我们永远读下去，会滋养越来越多的当下教育人和后来人。

顾明远先生是我国当代著名教育学家，是人人景仰、有着重要影响的教育家。从教 70 多年来，他与祖国同命运、共呼吸，伴随着民族复兴的大业，勤奋刻苦、孜孜以求，一直在教育理论中探索，在教育实践中深耕，在理论与实践中创造，躬耕不止、研究不息、撰写不辍，著作等身。鲐背之年，顾先生又在新时代焕发新的学术活力，不断发出新的声音，充满思想的张力，促进教育的学术繁荣和改革的深入，为党育人、为国育才作出探索，令人叹服。《文集》正是对顾先生丰厚而灿烂学术人生的献礼与致敬，表达了教育学人及所有教育人由衷的敬意。祝顾先生永远健康，永葆学术青春。

二 | 顾先生的学术之道：
　　修辞立其诚

阅读《文集》，脑海里跳跃着一个个思想火花，写点读后感是自觉的，但又深感很不够很不够。阅读中常常发出赞叹的心声，感悟不断提升，为顾先生的学术人生所打动。经过思考的过滤，思想逐渐沉淀下来。顾先生的学术人生可以聚焦于一个"诚"字，真实、真诚、正心、诚意，恰如《易经》里所言："修辞立其诚，所以居业也。"顾先生70多年来，以爱教育的真挚之心，以爱学术的情怀，以真挚之心，在学术海洋里遨游、寻觅、"修辞"，然后立业、"居业"，创立自己的学术体系，安顿心灵，铺展极富意义的人生，引领中国教育理论研究、学术建设和改革实践。他用自己的学术之诚，再次印证并生动诠释了中庸之道的"诚"之思想精髓："诚者，天之道也；诚者，人之道也。"满满的真，充溢的诚，顾先生的学术之道是"诚之道"，是学术的"天之道"，说到底是学术的"人之道"。为此，我们不妨将顾先生的学术之道称之为以诚为统帅的"明远之道"。"明远之道"深植于中华优秀传统文化之中，闪烁着中华学术思想的光芒，引领我们走向世界和未来。《文集》也以学术之诚，收集丰富的文稿，用心整理、编辑，准确地描述了顾先生的学术人生。我们深为感动。

顾先生学术之诚，"诚"在哪里呢？首先，"诚"在学与术的统一。顾先生将学术研究既致力于理论，又致力于用理论指导改革实践。他准确理解了梁启超的"为学术而学术""为学问而治学问"的实质。梁启超意在避开"致用"思想，保持学术的独立性，坚守学术的客观性。后来，梁启超又在《论学术》一文中，将学与术统一起来。的确，学术、理论从来不是脱离实践而孤立存在的，犹如哲学是个动词，在于"做"一样。学术要贴近实践，要从现实取得思想，又把思想化为实践，实现理论与实践的融通、学术与实践的互动、理想与现实的趋近，以致逐步统一起来。顾先生的学术之诚，既是指向学术和理论的，又是指向实际和实践的。他在《文集》中明确指出："要克服脱离实际，为学术而学术的作风。教育学是一门实践性很强的学科，许多理论都是先从实践中提出来的，同时也为了解决实际的教育问题。"① 因此，顾先生的学术人生永远有个方向：为学术的繁荣，为实践的改变，为教育的美好。《文集》不仅闪烁着理论之光，同样深藏着实践之意蕴，这样，他的学术之树也会是常青的。端正的学术研究方向，尤其是端正的教育理论研究方向，表达了顾先生的学术之道的"诚"。我们应学习，更应坚守、发扬。

其次，顾先生的学术之诚，"诚"在一切为他人着想，倡导践行并始终不渝地追求学术道德和学术境界。顾先生原本是不愿意出《文集》的。他在"总序"里说："因为许多文章都发表过，而且已有几本单行本，重复出版没有多少价值。"后来因为"学生也催着要编我的全集，希望看到我的所

---

① 顾明远.顾明远文集：一卷[M].北京师范大学出版社，2018：总序.

谓教育思想全貌"，又因为，"想了又想，觉得如果身后人家来编纂我的全集，可能会遇到很多困难"，于是"答应出一本文集，而不是全集"。[1] 其实，顾先生是熟谙文集、选集、全集的意思的——文章当然是绝大多数都发表过的，这自有它的价值。顾先生之所以开始不同意出，是想要有新的论作，而不是陶醉于过去，学术生命不在重复，而在不断创造；他不想增加别人的负担，占用他们的时间，耽误他们自己的研究；可以自己选择，"有些错误的地方纠正一下"。[2] 顾先生所想所做都十分真诚，"诚"里有学术道德，有对学术的尊重，有臻于学术创造的境界。学术之道应是道德意义充分构建与展开的过程，是学术不断进步、迈向创造的过程。

再次，顾先生的学术之诚，"诚"在对自己认知的自觉与严格。顾先生在《总序》里说，"我是教育方面的杂家，而非专家""文章杂得很"。[3] 这当然是他的自谦。顾先生文章的"杂"，恰恰是研究领域的宽与博。他对幼儿教育、义务教育、高中教育、高等教育、职业教育、特殊教育、家庭教育、终身教育，还有国际教育等领域都有独特的视角、精辟的论述，可谓是全领域、全方位的研究。这样的"杂"，固然与他的从教经历有关，更说明了他的学术视野之广、格局之大。他打开了各学段、各领域、各专业的边界，走向了高度融合。更说明他的学术研究是一种复杂性思维，体现了广采博

---

[1] 顾明远. 顾明远文集：一卷 [M]. 北京师范大学出版社，2018：总序.
[2] 顾明远. 顾明远文集：一卷 [M]. 北京师范大学出版社，2018：总序.
[3] 顾明远. 顾明远文集：一卷 [M]. 北京师范大学出版社，2018：总序.

收、思接千里、视通万里的学术品格和学术才华。值得注意的是，领域虽不同，却有着高度的关联，内在逻辑是高度一致的；核心关切是多方面的，却是高度统一的。这哪里是什么"杂"，是什么"杂家"，恰恰相反，他是真正的大家。不难理解，为什么是顾先生能主编出《世界教育大事典》《教育大辞典》。学术之诚，总是与学术之谦卑的品格紧紧联系在一起的。

2023年，顾先生被评为全国"教学大师"，我们再一次表示祝贺，向大师学习，做新时代的大先生。

于漪：讲台上的生命歌唱

于漪老师说，我一走上讲台，生命就开始歌唱。

这是语文教学最为精彩、最为神圣的时刻。

这是语文教师最真诚、最美好、"最教育"的状态。

语文教学就是生命的歌唱，是教师与学生的合唱——领唱的是教师，但有时也会是学生。

如果给这首生命之歌取个名字的话，叫作"用语文来育人，让人来创造语文"。这名字其实是语文教学的宗旨与境景，是语文教学改革的主旋律，是每个语文教师心中的歌。

一 | 生命的歌唱：
语文教学的意蕴和气象

生命的歌唱，将语文教学提升到一个崭新的崇高境界，让语文教学富有生动、丰厚而深刻的意蕴，形成一种特有的气象，大气、辽阔、深远、美好，理想的追求、文化的追索、价值的照耀，一切的一切都在这气象之中。

　　语文是有生命的，语文本身就是一首生命之歌。曾记否，孔子带领学生在泗水河畔，慨叹"逝者如斯夫"，在游春中，通过语言文学抒发自己内心对时间流逝的深切感受，对意义流淌的领悟；曾记否，苏霍姆林斯基，常常领孩子在果树林里观察、思考，让词语有了生命的色彩，鲜活起来、明丽起来；曾记否，李吉林在多少个清晨，在郊外田野，和孩子们一起用来自心中的语词去描绘大自然的奇妙和生命的感悟……语文是有生命的。语文的生命源自母语文化。母语是民族生命的创造；母语认同，是文化认同、民族认同，是母语文化的生命咏唱。海德格尔说，语言是存在的家。家，是生命的共同体；家，由价值愿景和理想信念支撑。正是因为此，语言有了生命，语文有了生命；语文是有祖国的，语文是民族的血脉和魂灵。语文歌唱起来，是民族的血脉沸腾起来、民族的魂灵挺起脊梁，是万里长城永不倒的壮美之歌、母亲河永不停息的长江之歌与黄河颂。语文教学怎能不歌唱呢？语文教师怎能不歌唱呢？

　　活泼泼的儿童，充盈着无限的生命创造力，语文教学应当是一支生命之歌。众所周知，儿童是活泼泼的，处在生命最为旺盛的时期，像是一棵向上长的树、枝叶繁茂，将会长成好大一棵树；像是一条永远奔流的河，拍打着两岸，唱着歌向着未来。生命需要生命之水的浇灌、滋养。倘若，教育是一架冷冰冰的机器；倘若，语文是干涸的河床，失却了生命，那么，

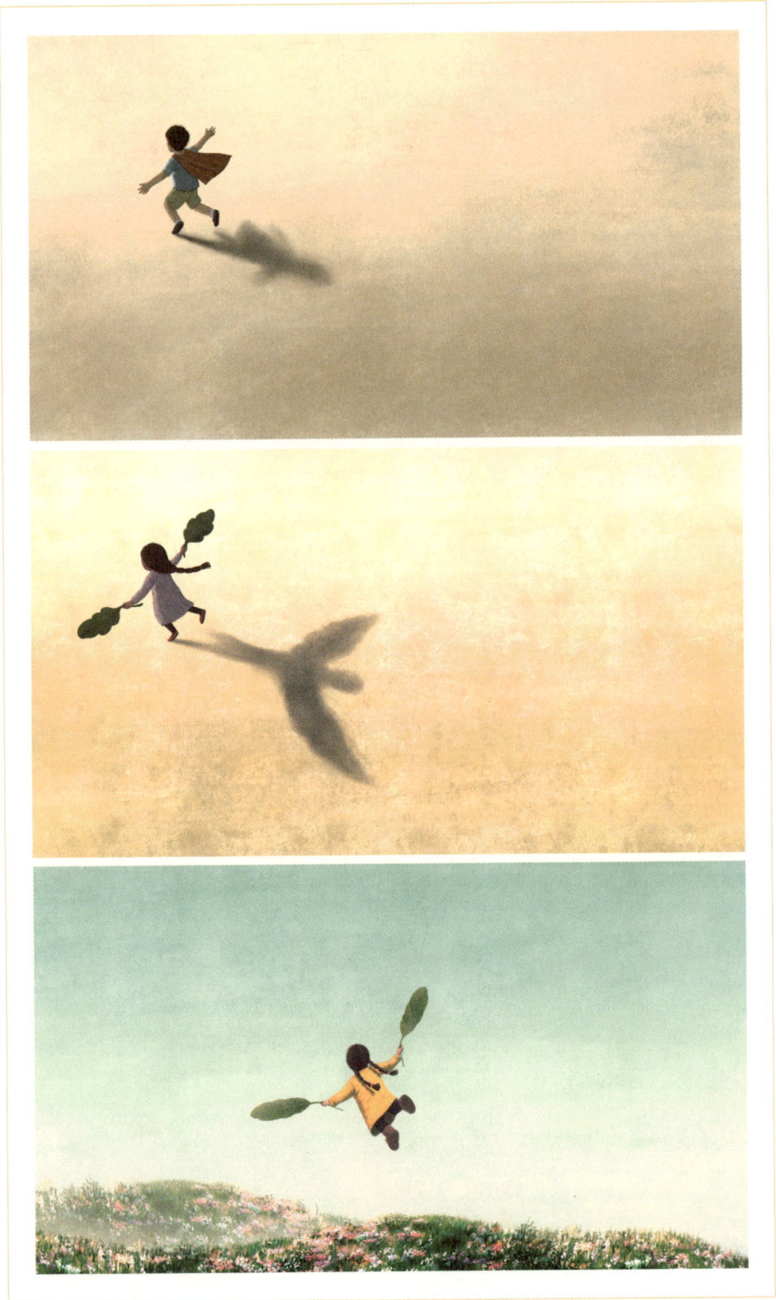

儿童是活泼泼的，处在生命最为旺盛的时期，像是一棵向上生长的树，枝叶繁茂，将会长成好大一棵树；像是一条永远奔流的河，拍打着两岸，唱着歌向着未来。

生命需要生命之水的浇灌、滋养。

倘若，教育是一架冷冰冰的机器，倘若，语文是干涸的河床，失却了生命，那么，活泼泼的儿童将会在这样的教育面前丢失了生命的活力，也必将会在这样的语文教学面前生命之花枯萎、凋零。

活泼泼的儿童将会在这样的教育前丢失了生命的活力，也必将会在这样的语文教学前让生命之花枯萎、凋零。语文教学要给儿童以生命的呵护，给儿童以生命更大的活力；反之，儿童又将会以自己的生命让语文的生命更有魅力。当语文的生命与儿童的生命在课程、课堂里美丽相遇的时候，生命之火定会激情燃烧，生命之歌定会唱响。为了儿童的活泼泼，为了民族未来的伟大复兴，语文教学应当是一支生命之歌。

教师的使命在于用自己的灵魂来塑造语文的生命、学生的灵魂。于漪老师说，"我一辈子做教师，一辈子学做教师"。这朴实的话语道出了深刻的道理。一辈子做教师，是对教师这一职业的无限忠诚，是生命的永存、青春的永驻；一辈子学做教师，则是对教师专业的永远追求。是终身学习让教师生命永远年轻，永远活力四射。语文本应有生命，但语文的生命需要激活，需要擦亮。优秀的语文教师应当是语文生命的激活者、语文生命之火的点燃者、语文之星的擦亮者，是学生生命的照亮者。无须论证，一个语文教师生命不歌唱，语文怎能歌唱？学生怎能生命活跃、创造无限呢？不过，需要讨论的是，当下有些语文教师生命没有歌唱起来，语文成了应试的工具，成了分数、升学率的奴仆。这样长期下去语文之火就会熄灭，学生的生命就会被压抑，智慧之花就会被摧残。让语文教师的生命歌唱起来，语文才有希望，学生才会有活力。

语文教师讲台上的生命歌唱，意蕴是丰富的。生命的歌唱，首先意味着生命的全部投入，全心全意，专心致志，心无旁骛。生命的投入，既是一种精力的集中，更是精神的饱满与站立。其次，意味着生命的澎湃。为母语的纯洁与美丽，为语文教学的崇高使命与境界，为学生语文素养的培养与提升而激情燃烧，蓬勃的生命应和着民族复兴、祖国昌盛的节拍。创造的激情、生命的澎湃可以成就一个教师。再次，意味着语言的狂欢。大家都知道，"语言的狂欢"是苏联人文学者、哲学家巴赫金首创的。他对"狂欢"做出了解释："狂欢是不分演员和观众的演出，所有人都不是作为观众观看，而是积极的参与者，参与到狂欢中。"接着他又为"狂欢语言"做了阐释：把自然语言或抽象概念的语言"转化为同它相近的艺术形象的语言"。这些阐释都不太好理解，但有一点是肯定的，那就是他是将语言狂欢用在对话中的。语文教学的生命歌唱，是在对话中，让学生成为参与者，进行语言的转化，与艺术作品产生连接。转化、连接的过程，就是语言狂欢的过程。生命的歌唱可视作这一过程的展开与实现。这一诗意的表达还是"很哲学"的。

所以，语文教师的生命歌唱，其深沉的意义不在字面，而在他生命的内部。语文老师们，让我们像于漪老师一样，一站上讲台，生命就开始歌唱。

二 语文教师的生命之歌：
立德树人、培养时代新人之歌

语文教师的生命需要歌唱，问题是生命为谁而歌唱，在歌唱什么，究竟是怎么歌唱的。毋庸置疑，语文教师的生命歌唱，主旋律非常鲜明，那就是在语文教学中落实立德树人的根本任务，唱的是育人之歌。

立德树人，首先召唤我们语文教学要转向、转型，即从单纯地传授语文知识、片面地追求成绩、分数至上，转向育人。这一转向，不是对知识、成绩、分数的否定，而是要以育人为宗旨、为统帅，让学生成为知识的探索者、创造者，让成绩、分数为育人服务。这一转向自然涉及另一个问题，即语文的性质——工具性与人文性关系的问题。语文的工具价值任何时候都不能轻慢，更不能忽略。但语文不是一般的工具，它是内蕴并承载着人文性、人文价值的工具，具有方向性、精神性、思想性。工具性与人文性自然地融为一体，正是语文的本质属性和特点。工具性与人文性自然地融为一体，就不存在谁主谁辅、谁先谁后的问题。道理很简单，人是一个整体，育人也是一个整体性推进的过程，育人需要工具，工具要为育人服务。这种融为一体，聚焦于教师的使命与智慧上：教书育人。

当然，问题还没有这么简单。习近平总书记说，立德树人要在六个方面下功夫。立德树人首先要下功夫，要刻苦钻研、积极探索、创新创造；其次要在六个方面下功夫，全面推进，五育并举，整体育人，根本任务才能真正落实。显然，语文教学改革，也必须在这六个方面下功夫。语文教师的生命歌唱，在主旋律的领唱下，还应有一些主题旋律。如果做些分解的话，有以下三个主题旋律。

主题旋律一：用语文育人。清华附小校长、特级教师窦桂梅说："我是教语文的，我是教人学语的，我是用语文来教人的。"这是对语文教师角色、任务、功能的准确定位。语文育人，要体现语文学科的特质和育人的特点。高中语文课程标准的修订，为我们开辟了语文育人的思路：凝练语文学科核心素养。有人质疑，核心素养是关于人的，学科不是人，哪有什么素养？学科核心素养的提出，会不会又回到学科本位、知识本位去？所质疑的问题让我们有了深层次的思考：学科是为人服务的，其内蕴着育人的丰厚元素，学科核心素养就是将这些元素提炼出来，凝练成育人的核心素养。这是对育人的学科贡献，这肯定不是知识层面的学科本位，也不会回到知识本位上去。对此，我们必须坚信，还必须深入探索。

主题旋律二：师生共同育人。育人是语文教师的职责。不过，我以为育人应当是个共同体，准确地说，教师的职责不仅在于自己担起育人的责任，还要组织、协调各种力量共同育人，其中包括学生。学生不仅是语文的学习者，也是语文教学的参与者，在语文教学中居于主体地位，一如前文所述的"语言狂欢"，学生当是"狂欢"的主角。学生之间应当互相帮助，因为联合国教科文组织早就指出，学习不仅是个人的行为，也是集体的努力；学生在语文学习过程中，不仅接受教师教育，也可以启发教师、帮助教师，因为教室里只有两种人：学生教师、教师学生。育人是双向的，甚至是多向的。师生、伙伴一起过美好的语文生活，形成了学习共同体、发展共同体，育人就在其中。

主题旋律三：师生共同创造语文。语文是人在生活中创造的。教师带领学生学习语文，不仅是传承文化、弘扬文化，而且也是发展文化。这是创造的过程。教师与学生在学习语文过程中，探究、发现语文的新知识、新经验、新理念，建构学习的范式，这本身是一个育人的方式和过程，也会让语文育人走向新境界。理论与实践不止一次地告诉我们，传统文化、传统经验在新的时代都必须实行两个"创"：创造性转化、创新性发展。语文教学应当以此为基本依据。为此，在语文教学中，教师要注重培养学生思维能力，提升思维品质，特别要注重培养学生批判性思维能力，让学生既有质疑能力，又有开放视野，更有积极态度。

语文教师就是要在语文教学改革中，唱响立德树人的主旋律，让生命歌唱起来。这首立德树人的生命之歌，发出了语文教学时代的强音，语文，成了学生成长的家园。

三 丰富的安静：
教师生命歌唱的文化状态和内心的自由

语文教师的生命歌唱，一定是昂扬、奋斗的。但这绝不意味语文教学要热闹、要火爆、要张扬。教师的生命歌唱，发自肺腑，源自灵魂深处，既热烈、火红，又平静、淡定、从容。这好比是一座湖，湖面是安静的，但湖水是激荡的、奔涌的，甚至是澎湃的、汹涌的，周国平先生将这样的状态唤作"丰富的安静"。教师的生命歌唱就是这样的状态：安静，并非静止；丰富，亦并非热闹、浮躁。这是文化状态和内心的自由。

当下的语文教学一定要安静下来。放眼看去，语文教学改革风生水起，一片改革的新气象。首先，这肯定是好事。课改以来，语文教师被极大地调动起来，"卷入"了改革的浪潮，沉寂的局面被打开。教师们为探寻语文教学的规律而刻苦钻研，为追求自己的教学特色、自己的教学主张和教学风格而苦心孤诣地研究、建构。语文教学，这门古老的学科，需要被搅动、被打开、被激发。但是，值得注意的是，有的地方、有的学校、有的教师，没有把握好度，同时受社会上浮躁之风的影响，让教学改革以及个人的专业发展沾上了功利主义的色彩。主要表现为以下几个方面：一是把探索语文教学模式当作兴奋点，而忽略了基本规律问题。教学模式需要建构，但教学模式建构谈何容易，不是说有了几个环节、几个步骤就是模式了。模式是理论化的实践，实践化的理论，不是轻而易举、一蹴而就的。况且，模式不是面具，不是用来装点门面的，教学模式说到底是学习模式。这样的热闹式的追求我们要摒弃。二是把形成教学特色作为改革的兴奋点，而忽略了特色的真正宗旨与价值。与教学模式一样，教学特色当然需要追求，当下语文教学同质化的现象尤为突出，教学特色的追求与形成可以形成和而不同的教学风格。需要注意的是，教学特色是在长期实践基础上的经验的改造、优化、提炼，是一个反思、完善、提升、概括的过程，刻意地去总结往往适得其反。再说，教学特色要服务于学生的学习，偏离了这一宗旨和核心价值，教学特色不能真正形成，即使形成也毫无意义。三是把教学主张的提炼以及形成作为兴奋点,而忽略了对学生的研究。在这方面兴奋起来,再兴奋一点也无可厚非。与前面两个问题讨论的重点一样,教学主张是个性化(包括学科化)的教育理念、教学思想,是一个很艰难的过程。现在名师成长,动辄就是某某教学主张。另外,我很赞同"××语文"的命名,但教学命名不是同一格式的,应有多种表达方式。更为重要的是,教学主张一定要建立在儿童研究的基础上。以上几个方面只是例举,这些问题处理不好,就容易淡忘规律,"溢"出其他一些偏差以至错误来。这样的兴奋、热闹,我们是反对的。语文教学改革需要安静。

安静与静止、封闭、僵化肯定不是一回事。真正的安静,内心是不安分的。不安分,其实是不满足,有改变、突破、求新的激情与欲望,是创新精神的一种表现形态。所以,在提倡语文教学改革安静的同时,还要提倡、强化教师的改革、创新,亦即追求安静的丰富、丰富的深厚、深厚中的深邃与新意。值得注意的是,当下语文教学中还有一些积极进取不够的现象和倾向。主要表现为:一是惰性。教学改革止于习惯和传统,缺少改革的激情与行动。比如备课,从网上寻找现成的教案或教学实录,"荡"下来,毫不费力。这样的教学怎能有适宜性、创造性和个性化?这也太"安静"了,太安稳了。二是惯性。凭着往常的经验行事。经验是可贵的,但有时经验又是相当可怕的,犹如优秀是卓越的敌人一样。过于依赖经验,不改造、不发展、不突破原有的框架,就会导致失败。有的语文教师日复一日、年复一年,惯性让其平庸,以至走向失败。三是"钝性"。"钝性"是指缺失对事物的敏感性、悟性与灵性。尽管也想改进、改革，但缺少自己的想法，缺乏创意。这样的语文教学改革往往是迟滞的，跟不上时代的步伐。以上三个方面，都不是真正的安静，而是保守、落后。这样的教师走上讲台，生命没有歌唱，改革的激情没有沸腾，更没有燃烧起来。

丰富的安静应聚焦在哪里呢？我以为要在以下问题上既安静下来，又不安分起来，要丰富起来，要兴奋起来，要沸腾起来，要歌唱起来。其一，语文教学改革要进一步回到基本问题上去，即回到教学改革、语文教学的规律上去。只有把准基本问题，加强研究，深入探索，才能直抵教育的本质与语文教学改革的核心。其二，语文教学要进一步在弘扬中华优秀传统文化上下功夫。用母语去厚植爱国主义情怀和精神。其三，语文教学改革要进一步培育、发展学生的语文核心素养，树立基本价值观念，培植必备品格，增强关键能力，为培养能担当民族复兴之任的时代新人打好基础。

走上讲台，生命就开始歌唱。这一诗意的表达，表达了语文教师的情怀、理想、信念，以及探索、创造的精神。从语文教师的讲台，从他生命的歌唱中，我们看到了语文更灿烂的未来。

李吉林：干净的眼睛

李吉林老师离开我们已经三年了，我们怀念她。

李老师去世后，学校为她塑像。雕塑家钱绍武先生为了捕捉李老师的"魂"，将她的照片排列在工作室的四周，每天从不同的角度去凝视、观察、捕捉。后来钱绍武先生告诉大家：李吉林老师的眼睛是很干净的。

"眼睛是很干净的。"平白如话的概括，却道出了李老师精彩而神圣的瞬间，而这瞬间成了人生的永恒，这永恒照亮了教师专业发展的前程。所有教师的眼睛都应当是干净的。

眼睛是心灵的窗户。干净的眼睛，是心灵干净的透射。教师是心灵干净的人，是眼睛里没有杂质的人。心灵的干净以纯真的爱为底色，也是心灵的亮色。爱不能代替教育，但教育不能没有爱；爱是教育的方式，也是教育的能力，更是教育成功的密码。教育爱是真爱，大爱，没有功利，不求回报，捧着一颗心来，不带半根草去，干干净净，清清爽爽，明明白白，铮铮闪亮。把整个心灵献给孩子，便是把真挚、无私的爱献给民族、献给祖国的未来。

干净的眼睛是情感的表达。朱小蔓先生提出当代学校德育的核心应当是情感关切。情感是教育的纽带，也是教育动力之源。语文教师在语言文字里耕耘，是思想劳动者，其工作也是一种"情绪劳动"，是精神性的存在。我们完全可以说，语文教学实践是一种"情绪实践"。不言而喻，不带情感的教学是苍白的、枯燥的，肯定是无效的。反之，语文教学中触摸到学生情感脉搏的跳动，才会有真诚的对话、心灵的启迪。语文教学的温度主要来自情感的触发。其实，又何止是语文教学呢？

干净的眼睛是理想信念的表达。一个革命者在最艰难困苦的时候，眼睛里总是透着坚定的理想之光，不忘初心，不辱使命。一个普通劳动者在擦完了额头上汗珠的时候，眼睛里总是充溢着奋斗带来的欢乐表情。劳动擦亮了他的双眼，坚信劳动会创造幸福，劳动也会创造自己。同样，一个教师，就是一个改革者、思想者，就是一个普通劳动者、创造者，他内心对祖国的爱、对民族振兴的理想、对培养时代新人的信念，都会让他心灵敞亮、精神灿烂，也一定让他眼睛干净、明亮，而且坚毅，虽久而不废。

干净的眼睛是赤子之心的表达。儿童有一颗赤子之心。童心者，真心也；真心者，真人也；若缺失真心便缺失了真人。教师是长大的儿童，同样存颗童心，有颗赤子之心、创造之心。教师的目光里，绝对没有"三岁之翁"，而只有"百岁之童"。从三岁之童到百岁之童，眼睛永远纯真，说真话、干真事，追求美好、追求光明、追求真理，做一个大写的真人。唯此，一个心灵才能唤醒另一个心灵，教师的眼睛才能明亮孩子们的眼睛。

干净的眼睛是审美的表达。美，是最高境界，是道德的另一种阐释，是创想精神的凝练，是对未来的想象。而这一切都会自然真实地体现在眼睛里。眼睛，这一人类的"第一工具"，引导我们去想象、发现、创造，达至审美的境界。审美的眼睛让教师和学生在语言文字的学习过程中充满审美的愉悦，进而以美育德，以美其身，立德树人。

呵，一切都存于干净的眼睛里，一切从干净的眼睛开始。老师们，明亮自己的心灵、擦亮自己的眼睛吧。总有一天，我们会年老昏花，双眼蒙眬，但那颗心永远不会混浊，相反，会让眼睛透过遮蔽，发出明亮的光。那是年轻品格的神韵。

朱小蔓：美丽的情感文明

2020年8月10日下午3点37分，收到朱小蔓女儿发来的信息："成所长，我妈妈今天下午3点走了。"我立即回复："节哀，保重！最大的遗憾，是那次没能去看望……"

朱小蔓老师住院期间，我曾去省人民医院看望过。前年春节，我和孙孔懿、叶水涛两位先生去她家，那天她和我们聊了一个多小时，兴致勃勃，谈情感教育，谈做学问，谈人生。我们不忍心打断她，又有点担忧——讲长了对身体不好。后来，一直想再去一次，孔懿、水涛也不断与我联系，希望早点去，大家心照不宣：来日不多，迟了恐有遗憾。8月3日，出差回来，我即与朱老师女儿联系，与孔懿、水涛约定，次日上午在南京市级机关医院门口集合。朱老师女儿也做了安排，我还预订了鲜花。但下午4点多，她又来电话，说去看她妈妈的人过多，医院有意见，与医护人员还发生了一点不愉快，明天最好别去。她说着说着痛哭起来，不断致歉。医院的意见我们当然要尊重，规则当然要遵守，就决定改日吧。从她的哭声里，我听出了她对妈妈深深的爱。这么长时间里，她尽心尽力，是个孝女，又很透明、率真，她有着情感文明的基因。但也因此，我们三人错失了一个重要的机会，在朱小蔓生前未能再见她一面。这成了我们最大的遗憾。不过，也有人劝我们，不去也好，留在我们心里的，是她的美丽如初，是她道德的美好，是她学业的深厚，是她学术的纯粹，是她高尚的心灵。她的人生永远是美丽的、闪亮的。

是的，朱小蔓很美，她永远和美丽在一起。

和朱小蔓认识得比较早，接触也比较多。后来接触越来越多，对她的美，感受也越来越多，她留在我记忆里的是她的崇高。记得20世纪90年代末，我去江阴华士实验学校参加中央教科所基地的研讨会，朱小蔓时任所长，是会议的设计者和主持人。那天上楼时看到了墙上挂着一些教育家的照片，其中就有苏霍姆林斯基的，而旁边就是朱小蔓的一张肖像。学校如此的设计和安排，意图很明显，我当然领悟到了，也深为赞同和感动。我在朱小蔓的照片前驻足了好几分钟，情不自禁地说："朱老师真美！"朱小蔓正好经过，她肯定是听到了，可她没有说话，只是微笑了一下，悄悄地走了过去。

她真正的美，在她的学术，在她的生命和灵魂。朱小蔓并未关注自己的美，但在不经意间已让人称羡不已。

朱小蔓把整个生命献给了教育，一生都在不懈探索并努力构筑理想的教育。也许她对教育的情怀是在中小学时期就萌发、生长起来的。我曾参加过南京九中的校庆研讨会，作为著名校友，朱小蔓也参加了，我为她主持了报告会。那天她深情满怀,回忆母校的生活,其中有老师的谆谆教诲,还有当年参加"小红花"的经历。对母校的爱,对老师的爱,如清泉一样流淌。她爱母校、爱老师、爱教育,并把这种爱带到了大学,带到了硕士学习生活中。她读南师大的教育专业,跟鲁洁老师读博士,留校当教师,正是早年那颗钟爱教育的种子的继续生长。她尤爱农村教育。2008 年,朱小蔓担任联合国教科文组织国际农村教育研究与培训中心主任,把关注的目光更多地投向农村,把关心之爱更多地给了农村,给了农村孩子。她既研究国际农村教育的发展走向,又研究中国农村教育的"以县为主"管理体制对国际农村教育的影响;将中国农村教育纳入世界格局,也让国际农村教育关注并借鉴中国农村教育发展的经验。宽广而又深沉的教育情怀让朱小蔓永远美丽。

朱小蔓把整个生命献给了学术研究,一生都在构建情感教育体系。在我的记忆深处永存着一个特别的情景。2015 年 11 月下旬,第六届情感教育暨中陶会教育与情感文明专委会成立会议在南通市田家炳中学召开。会议有三个关键词:情感教育、生命教育、教师教育。会议着力研究情感教育与生命教育的内在关联,探索如何通过提高教师情感素养,构建良好的师生关系,从而达到教育教学活动呈现出情感教育、生命教育之相融相长的气象。朱小蔓主题报告的题目是"学校与人的情感文明:信念与方法"。还有一个副标题:"以个人研究经历为线索的讲述"。报告以信念的不断磨砺,方法的不断跟进——30 年情感教育研究的基本心得为中心,激情澎湃而又从容地讲述着，把现场带到那个迢迢的研究历程中，感受她的信念，学习她研究的方法。在她做完报告后，我好像是这么说的：从朱小蔓老师的讲述中，我们仿佛看到一个学者在情感教育研究之路上的负重远行，蓝天白云下，行走得那么富有激情，那么坚定，一走就是30年。她是一个学者，并不孤独，她以真挚的情感带领我们，而我们永远陪伴着她。朱小蔓本身就是情感教育的精神和思想的符号，闪耀着情感文明的熠熠光彩。不懈地追求与高深的学术研究，贴着大地行走，让朱小蔓永远美丽。

朱小蔓把整个生命献给了学生，她的生命在学生情感脉管里流淌。 张晓东是她的博士生，从报考开始，朱老师就关心他、鼓励他，有一次还专门给我打长途电话，转述她对晓东的评价、期待和要求。可以说，晓东学术上的长进，以及他成为当下一名有影响的科研专家，和他跟朱老师读博是分不开的。这是一条分水岭。在朱老师引导下，晓东迈开了教育科研的新步伐。王坤是朱小蔓的关门弟子。我在北京开会时，常与王坤因为教材问题联系。一天傍晚，我和王坤在北师大校园里散步，不知不觉地走进了教学大楼，在朱老师的办公室待了十几分钟。只见办公室有一张躺椅，有暖水瓶，当然还有电脑，许多翻开的书……这里已成王坤读书、思考、写论文的地方。朱老师的办公室成了学生的书房、写作室，虽然显得凌乱，但是仍是那么有读书味、学术气，那么温馨。相信王坤永远忘不了朱老师的办公室——自己的书房。爱生如子，她可能对自己的女儿陪伴不够，关心不够，好在子女理解她。正是教育学生成才，让朱小蔓永远美丽。

朱小蔓把整个生命献给了教材建设，她创造性地探索了《道德与法治》教材的呈现方式。课改以后，朱小蔓领衔主编过小学和初中的《思想品德》教材，都获教育部审查通过。统编以后，她仍然被委任为初中《道德与法治》总主编。她几乎用上了所有的时间、全部的精力，她的弟子、参与编写的老师们都说，朱小蔓是拼着命在干，在无私地奉献，燃烧自己。她牢牢把握立德树人这一根本任务，培育、践行社会主义核心价值观，坚守生活的逻辑，改变知识传授的体系，建基于学生的生活经验，让学生在真实、丰富的情景之中探索、体会；她将情感教育理念自然地渗透在教材中，用情感这一"燃料"点燃学生的学习动力，用情感呼唤道德，提出"有助于道德的知识"的学识概念，引导学生道德学习，帮助初中学生精神发育与生命生长。我是审查组的组长，常与编写组一起讨论修改。有一次讨论修改时，朱小蔓突然哭起来，而且哭得响，哭的时间长，劝也没能劝住。她没有任何掩饰，没有任何顾忌。她为追求教材的完美而纠结，她为问题还没有找到好办法破解而着急。编写过程中的一切酸甜苦辣刹那间都涌上了心头，她需要释放啊！我理解，我们都理解，因此没有再劝说她。今天，朱小蔓伤心的哭声还在我耳畔，还像当时，不，比当时还猛烈地撞击我们的心灵。朱小蔓为国家教材建设作出了贡献。

朱小蔓，永远和教育在一起；她的思想和心灵，永远和学术在一起，永远和美在一起。

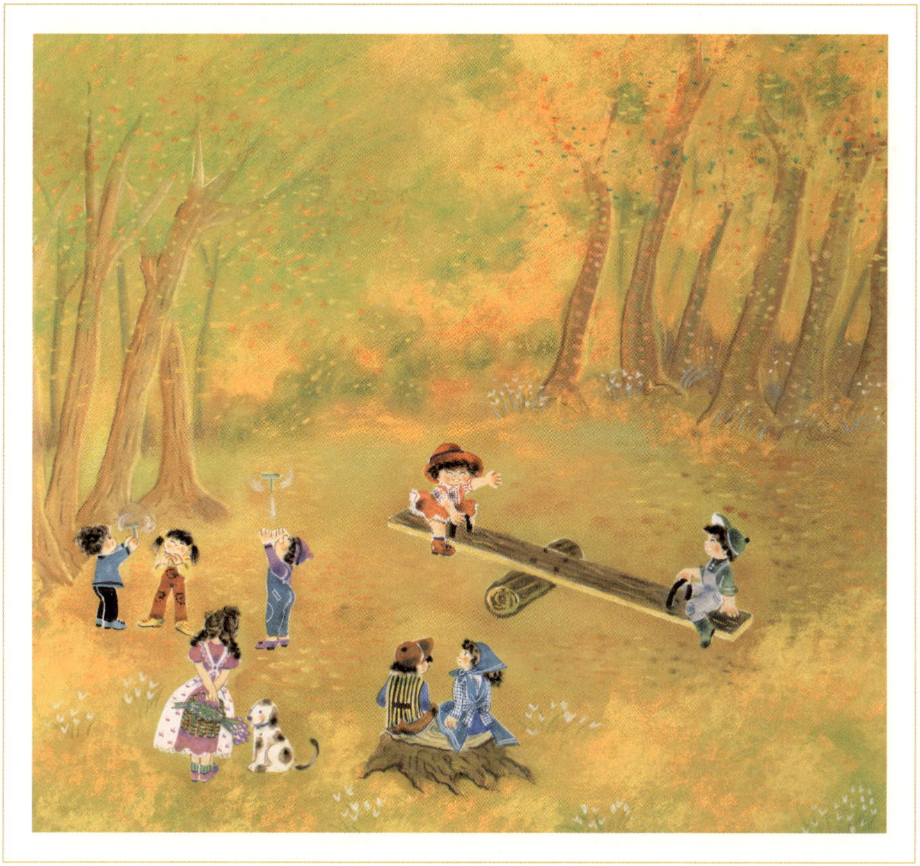

学生之间有着多少故事，我们不可能都知道，因为我们无法真正走进他们的生活，走进他们的世界，更无法走进他们的心灵。我们只有相信学生，无条件地；依靠学生，没有任何理由地；站在美的一边，永远地。唯有如此，所谓教育研究才会从善端出发，也才会落在美的一边。

　　当研究是美的、教育是美的，学生才是美的。生根、铸魂、益智、润心，这一教育的本质与目标才会真正实现。

周益民：咏唱儿童教育的"母歌"

阅读完周益民老师的一本集子，情不自禁地给他发了一条短信息："看了你的教学实录以及有关论述和专家评论，好不感动，也很有感触。你不仅在实践，而且在研究，你的教学就是研究，具有文化学、社会学、儿童论、课程论、教学论以及语言学、教材建设等多方面的意义和价值。我们应当回到以上方面的'话语'上去，可以构建新的语文教材体系。而这一切，你又总是静静的……"不到一分钟，他回了这么一条信息："我没有那样的奢望，只是凭着朴素的理解与喜好，做一件有意思的事。"

这就是周益民。谦虚，安静，素朴，从不张扬。如今这个时代，多少人要高视阔步啊，可他总是低调轻走，悄悄前行。他不想标新立异，更不想故弄玄虚，惊动大家。但他恰恰是在创新，他恰恰"惊动"了我们，准确地说，我们"被惊动"了。

他"惊动"了我们的教材观。语文教材，理当是千百年来人类馈赠给孩子们的文化结晶，理当让孩子们去触摸人类那头脑里的智慧，去亲吻田野上的花朵。也许我们走得太远了，忘了出发的地方，忘掉了为什么而出发，统编前的教材总是有着缺憾。那"母歌"总是在遥远的地方深情而又微弱地呼唤，那人生的摇篮曲总是离我们的生命而去，以至于在教材中老去。周益民，以他的专业敏感以及他的专业理性，默默地做着"补救"工作。这件工作之于语文教材究竟有何意义和价值？金波做了这样的评价："我很欣喜，很震动，因为在我的印象中，还没有哪位教师把绕口令纳入小学语文教学中去。虽然小学低年级语文教材中出现过一些民间传统童谣，但是还没有出现过颠倒歌、绕口令这种类型的传统童谣。所以，我认为周老师把绕口令和颠倒歌纳入小学语文教学是个创举。"一位德高望重的儿童文学作家、国家语文教材审查委员，作出这样的判断与评价，完全是发自内心的、真诚的、客观的。

　　周益民也"惊动"了公开课。我也曾听到少数人这样的议论：周益民的公开课为什么要自编教材来上呢？这样的议论当然不奇怪。以往我只是从新课改理念去理解，比如课改提倡教师是课程领导者的观念，周益民完全可以去创生教材、创造教材；比如一本语文书不能满足儿童发展的需要，完全应该基于教材，超越教材，像苏霍姆林斯基所说的那样，教材只是一块起跳板，等等。其实，周益民以高质量实施国家统编教材为主体，又进行校本教材开发，在开发中，做教材的创造者。

　　这些固然都对，但是，如今我才发现，我们还没有走进周益民的内心世界，还没有回到话语的故乡去。公开课就应是试验课、研究课，就应是创新课、探索课。我想，语文及其语文公开课，应作为最幸福的礼物让孩子们领受。周益民创造了这件礼物。

俄罗斯语文学副博士、语文学家巴赫金曾提出过语言与文学的狂欢理论。巴赫金的理论被誉为"20世纪的理论富矿"，狂欢理论当属之。巴赫金在对民间口头文化详加考证与分析后，建立了"朴素的民间文化形式的普通诗学"，提出"狂欢的实质在于借助'人的物质性肉体是自由的'来达到个性解放"。他的"复调对话与狂欢也有内在同一性，主要表现在语言层面上具有同一源头——民间笑文化"。（以上均摘自凌建侯《巴赫金哲学思想与文本分析法》）持同样观点的还有我国的郑振铎。早在二十世纪二三十年代，他提出了这样的观点："'俗文学'就是通俗的文学，就是民间的文学""不仅成了中国文学史主要的成分，且也成了中国文学史的中心"（郑振铎《中国俗文学史》，转摘自凌建侯的《巴赫金哲学思想与文本分析法》）。

这一更为大胆的观点，是在揭示文学的源头在民间，在民间文学。这正是周益民所要寻找到的话语故乡。由此，我以为，回到话语之乡，就是回到民间去，回到田野去，回到"草根"去，回到生活中去，回到生命中去。"草根"的狂欢，创造了丰富、生动、永不枯竭的语言和文学的源头活水。但是，有些人却毫无道理地远离了它。

于是，语文里没了民间狂欢的情境；于是，素朴的老百姓，包括那个时代智慧的孩子们，在现在的语文教育以至整个的教育里成了"沉默的大多数"。让"沉默的"苏醒过来，让源头活水汩汩流淌起来，让古老的"母歌"

再一次响起来,让田野的花朵再次开放起来,这是一项具有抢救意义和拯救价值的工作。这大概就是周益民所说的"有意思"吧。这哪里是"另类"?而应是"正类",是"正道"。周益民总是这么举重若轻——他悄悄地"惊动"了语文之根、之源、之命。

返本而开新。周益民返回语言文字的故里,开了语文教学改革之新。返本绝不是简单的返回,而是回归中的提升,对传统的"母歌"在珍视、捍卫的同时,要加以时代的解释。维特根斯坦,这位英国哲学家旨在凭借语言的界限来解释思想的界限,曾提出"语言游戏说",指出由意义结成关系,但"意义在于使用"。他认为,语言本身就是人的一种活动,并努力将这种活动嵌入人的"生活形式"之中。这亦是巴赫金所认为的"话语是独一无二的行为"。

正因为此,周益民把童谣、颠倒歌、对联、神话、猜谜语、巧女故事作为教学内容,作为语文教学的一场"语言游戏",让它们在教学中复活、彰显意义。值得关注的是,周益民在教学中细心地引领孩子们领悟其中的道德的意义、真理的力量和审美的意蕴,把人性之美、智慧之美、崇高之美悄悄地阐发得如此细致、准确、到位。这是一种文化重建、价值重构,当然也是文化启蒙与思想启蒙。"民间文学的中国",在他的语文教育中得到充分开发和体现。语文教育应当"惊动"一下文化和价值。

周益民是"诗化语文"的倡导者。如今的试验,与他的诗化语文是何种关系?我以为,这些试验是诗化语文的题中应有之义,又是对诗化语文的提升。高尔基曾经这么评说诗："诗不是属于现实部分的事实，而是属于那比现实更高部分的事实。"歌德也说过同样意思的话，"应该把现实提举到和诗一般高。""和诗一般高"就是崇高，就是里尔克所说的，将诗人的工作阐释为"我赞美"。马克斯·范梅南认为，"所谓诗化不仅仅是诗歌的一种形式，或一种韵律的形成。诗化是对初始经验的思考，是最初体验的描述。"歌德在《浮士德》里也这么写道："太初有言、太初有思、太初有力、太初有为。""最初"的、"太初"的、"初始"的，在哪里？在那些"母歌"里，在唇齿间，在田野里。雪莱曾说过："诗人是世界未公认的立法者。"能不能这么说可以再推敲，但周益民试图用诗化语文来给自己的语文"立法"——他自己要"惊动"自己的诗化语文。

周益民从来不惊动儿童。他爱儿童，呵护儿童，他自己像"大男孩"。但他从来没有忘掉自己的职责和使命——引领儿童发展。我被周益民童谣里"变大还是变小"的话题所吸引。这是一个极富穿透性的话题。是啊，孩子要变大，成人要变小，变大是成长，变小也是成长。周益民通过讨论，让孩子们一会儿变大，一会儿又变小，就在变大与变小的过程中，孩子们回到话语之乡去了，怀着乡情，怀着梦想，从源头起飞，在语言的上空盘旋。在周益民的语文课堂里，孩子们变大了，我们也变智慧了，变年轻了。

党旗飘扬在教师的心中

有一次我去高铁站，一位老师开着自己的车送我。一路上春光无限，一片繁荣的景象，一派祥和的气象。我们随意聊着，这位80后年轻人突然对我说："教育的发展，家乡的变化，学校的课改，等等，让我们更爱国、更爱党了。"他是有感而发，这是来自他心灵深处的声音。青年教师的话触发了我，感染了我。我说："是啊，在关键时刻，总是让我们触摸到时代的脉搏，也总是从心头'蹦'出最真诚的话，满满的情，深深的爱。"

大概是2019年，我去济南一个培训班做报告。这个班是由培训机构组织的，学员来自全国各地，大约有400多人。报告的最后，我与教师们对话互动。一位看起来不满30岁的女教师站起来提问，她的声音特别好听，讲话好似在唱歌。我突然有个念头，不如请她先唱首歌，无论是什么歌，哪怕只唱几句，也可以活跃气氛，有利于互动。她爽快地答应了，说道："小时候妈妈教我唱过一首歌，这首歌一直唱响在我的心头，就是《没有共产党就没有新中国》。"说完，她深情地唱起来，一直唱到最后一句。我的意识中，总是认为现在年轻人更喜欢时尚的流行歌曲，他们听到唱红歌，说不定会发出一些笑声。但是，这位女老师唱完后，会场一片肃静，突然间，全场发出一阵热烈的掌声。我沉浸在特别的感受中，这种感受是欣慰，是幸福。

也是在2019年，秋季开学时节，我应邀参加清华大学附属小学的教师开学第一课。那天上午，开会前，舞台的大屏幕上滚动着字幕："清华附小三大纪律八项注意"。在那熟悉的清朗而又庄重的音乐节奏中，一条条"纪律"、一项项"注意"从我们面前"走过"，那么亲切，那么鲜明。接着主持人站在舞台上，面向全体教师，庄严地宣布："全体起立，共产党员举起右手，重温入党誓词。"一句句誓词，铿锵有力，党旗仿佛在飘扬。主持人又宣布："全体教师宣读清华附小教师誓词。"一句句仍是那么庄重。这一情景至今都在我的眼前浮现，那誓词一直在心里跳跃。

以上三个场景都是我亲历的，现在回想起来，似乎又回到那境那情中去了。什么叫党建？什么叫加强党对学校的领导？学校和教师们用自己的行动给出了精彩的答案：一切都落实在教师的政治方向上，落实在教师的高尚情感上，落实在教师饱满向上的精神状态上。而这一切又都会通过教师落实在立德树人的根本任务上，落实在为培养能担当民族复兴大任的时代新人奠定基础之上。

2021年是中国共产党诞生一百周年。一百年来，共产党让古老的中国焕发了青春，从站起来到富起来再到强起来，让中华民族终于能平视这个世界，终于挺起了民族的脊梁，瞭望未来。习近平总书记说："党的历史是最生动、最有说服力的教科书。"我们要加强党史学习教育，从党史中汲取无穷的信心和力量，用党的思想建设推动学校的思想建设。

思想建设是党的基础性建设，坚定理想信念是其首要任务。加强思想建设是学校最根本的建设，坚定师生的理想信念是学校教育的铸魂工程。这是其一。我们要从党史里汲取智慧，用党建智慧寻找学校发展的奥秘。我们党之所以能在革命、建设、改革的伟大历程中，逐步创造救国、兴国、富国、强国的辉煌成就，其奥秘就是党建智慧。党建智慧是不忘初心，牢记使命。党建智慧给了学校发展的金钥匙。这是其二。要从党史中汲取伟大精神，用伟大精神引领师生成长。无论是井冈山精神、长征精神、延安精神、红岩精神，还是抗美援朝精神、抗洪精神等伟大精神，都是我们的精神源泉，都是我们的精神魂魄。教育就是要用党的伟大精神去为孩子们补钙、润心、强志。这是其三。

当然，加强党对学校的领导，改进学校管理，内涵极其丰富，还有很多深刻的问题需要去研究。但以上三条应当是重点。说到底，党对学校的领导，要端正社会主义办学方向，振奋教师的精神，落实立德树人根本任务。党旗要首先飘扬在教师心中，才能飘扬在校园的上空。

第三辑
儿童秩序：童心里的诗篇

儿童智慧、少年精神，与年轻的品格血脉相承，是年轻品格的应有之义，也让年轻品格更有活力。当然，前提是我们应是认识、发现孩子，追寻、构建儿童秩序。当我们像孩子一样说话时，我们有可能成为天才。

儿童秩序：童心里的诗篇

也许，一位学者说得对：我们不生产理论，我们想要提供一个更好的故事。儿童研究需要理论，不过，更需要产生更多更好的故事，抑或说，儿童研究本身是个故事。故事，让我们发现了真实的、鲜活的儿童，也生产了真实的、鲜活的理论。

儿童故事的实质是儿童诗，一个个儿童故事是童心里生成的一首首儿童诗。童心里的诗篇是生活叙事诗，持续、永久，此起彼伏；是生命的颂诗，歌颂美好的时代，憧憬幸福的未来，情绪的沸腾、感情的真挚。这一切，都折射出儿童自身发展的逻辑，儿童逻辑投射的恰恰是儿童秩序。儿童秩序告诉我们，今天该怎么重新认识、重新发现儿童，该怎么循着儿童逻辑进行儿童研究。

儿童逻辑究竟怎么阐释呢？一个必须继续进行判断、深入求证和现实实践的命题是童心里的诗篇。因为童心里的诗篇恰是对儿童逻辑、儿童秩序的最生动演绎。

一 童心永远存活、永远鲜活——
社会大合唱中的儿童旋律

现代社会越来越开放，开放成了现代社会的重要特征和必然趋势。无疑，社会也会全部向儿童开放，无论是有意识的，还是无意识的。儿童也加快了向社会进入的步伐，无论是出于好奇的，还是出于想象的。于是，社会也以各种方式进入了儿童世界。成人世界的边界不断打开，儿童世界的大门也主动敞开，二者产生了积极的互动。值得注意的是，现代信息技术的普遍使用，尤其是手机成了人的一种器官，"互联网+"当然把儿童"+"了进去。这当然成了儿童学习的新平台，带来了儿童发展的新机遇。与传统方式相比，对此，儿童更欢迎、更喜欢、更投入。社会为儿童提供了更便捷、更多元的技术支撑，儿童又以新的方式更为迅捷地进入了成人世界，了解了社会秘密。这些新情势，从社会学的角度看，那就是儿童与世界的边界在打开中被打破，在打破中边界渐渐模糊起来，以至逐渐被消弭，儿童世界与成人社会合二为一。于是社会学者惊恐地下了结论：儿童消失，童年死亡。果真如此吗？我曾在《儿童研究视角的坚守、调整与发展走向》[①]一文中已进行了澄清与判断。今天，我们还应从儿童逻辑的视角进一步加以讨论，目的在于如何看待儿童，如何看待童心——在于尊重儿

[①] 成尚荣.儿童研究视角的坚守、调整与发展走向[J].教育研究，2017.11.

童秩序，坚守并再构儿童秩序。

如果用"社会合唱中的儿童旋律"来描述并表达儿童秩序还是很合适的。在整个世界中，成人社会永远是一支强大的合唱队，而且会发出震撼社会与人心的主旋律。但必须知道，儿童也是这合唱队中的一员，他们既在合唱队中，也随着成人一起歌唱，少了儿童，就不是完整的合唱队。更为重要的是，儿童有自己独特的旋律，与合唱曲产生共鸣，让合唱有别样的音色和调式。有时候，儿童还会成为合唱队的领唱者，冒出"未来的声音"，把合唱队引导到诗和远方，那诗与远方就是未来。儿童的旋律永远不会消逝，儿童逻辑永远闪光。在儿童探寻成人与社会秘密的时候，本身就意味着儿童的存在和存在的价值，也意味着他与成人与社会仍保守着自己的边界。而成人与社会也会尽力保卫自己的边界，对儿童的进入时刻有着警惕和提防。这就是儿童秩序的现代性。

这一儿童秩序已被无数的事实所证明。既然是童心里的诗篇，那么，我们还是用儿童的诗来佐证。有首儿童自己创作的诗《别人家的孩子》。诗是这么写的："妈妈 / 在您的口中 / 住着一个别人家的孩子 / 她练琴不倦 / 拿奖拿到手软 / 她奥数天才 / 没有难题解不开 / 她乖巧可爱 / 从不给大人添麻烦 / 哈哈妈妈 / 告诉您一个秘密 / 在我的心里 / 也住着一个别人家的妈妈……"[①] 诗没有全部引完，后面全是对别人家妈妈的赞美，诗的旨意已

[①] 苏雁，蔡茉莉. 童诗里，有大天地 [N]. 光明日报,2018年8月15日8、9版.

很明显。孩子知道妈妈的心思，妈妈心里的秘密是瞒不过孩子眼睛的，从"妈妈口中住着一个别人家的孩子"到"我心里也住着一位别人家的妈妈"，可以明确无误地告诉大家，儿童心里的秘密，妈妈们未必都知道。可以说，成人总是走不进儿童的世界，而儿童在走进成人世界、发现成人秘密的同时，总是保留着自己的见解。这种姑且叫作"反讽"的话语，正是儿童独特的旋律，是儿童秩序的自然体现。我们应该以极为鲜明的态度来维护儿童秩序，绝不能武断地惊扰他们，打乱他们的秩序。其实，那种"儿童死亡""童年消逝"的论断是轻率的、错误的，他们并没有真正读懂儿童秩序的现代性，也为他们自己主观的认识——消弭儿童秩序找到了新的借口。随着社会现代化的加快，儿童秩序的现代性将会不断加强，对儿童研究的挑战也会不断加大，引导、促进着儿童随着现代社会发展。儿童研究最积极的应答是，让儿童秩序在现代化进程中发展，让儿童秩序的现代性闪耀发光，让童心永远闪亮，让儿童成为现代化的儿童。

二 童声里的中国——
儿童是属于整个人类和世界的，但儿童是有祖国的

有人把儿童当作"人类盆景"，这显然是错误的，因为这一说法仍是把儿童当作"微型小大人"看待，只是观赏他，甚至把玩他。不过，这一比喻道出了儿童与人类、与世界的关系，即儿童属于整个人类和世界，有什

么样的儿童，人类与世界就会有什么样的未来。那句耳熟能详的话印证并演绎了这个关系：我们给孩子们一个什么样的世界很重要，更为重要的是给这个世界留下什么样的孩子。无论从哪个角度看，世界都不能离开儿童，儿童也离不开世界。离开世界谈儿童研究、儿童发展一定会狭隘，甚至片面。讨论这一明确无误的关系似乎毫无意义。其实不然，在"地球是平的""地球村""经济全球化"背景下，这一问题有着十分特殊的意义、价值。

其中，起码有两点要引起我们关注和思考。一是让儿童关心世界的发展、人类的进步。当今世界飞速发展，一切都在变。但是，世界究竟是怎么变的，往哪个方向在变，我们该怎么对待这样的变化……这些问题我们不是很清楚。联合国教科文组织在1997年国际教育报告《教育：财富蕴藏其中》提出了四个"学会"，作为学生发展的四根支柱；2003年又提出了第五个"学会"——学会改变，作为第五根支柱。日本于2009年研制、修订学生发展核心素养时，提出要加强思维能力培养，其中尤为重视适应性思维能力培养。韩国前几年修订初、中等学校学生发展核心素养时，明确提出了"共同体素养"……这些都是在引导儿童培植对世界的态度，从小关心世界发展和人类进步。世界在改变，教育也必须改变，儿童也要学会改变。儿童与世界同发展，与人类共呼吸，中国儿童要为世界发展、人类进步承担责任、作出贡献打好基础。二是用人类文明、世界多元文化培养儿童开放的胸襟，浇灌儿童多维的思维之花。犹如儿童是属于人类、世界的一样，人类文明、世界的多元文化也是属于儿童的，儿童应当共享，在共享中走向世界、走向未来。文化的多样性体现了文化的民族性和地域性，也维护、发展了文化发展的良好生态。儿童研究应当引导儿童尊重、悦纳多元文化，开启儿童的"世界之眼"，把整个世界以至整个宇宙当作儿童的课程，从课程、从课堂、从校园看到整个世界。中国儿童应是世界儿童，儿童世界应和整个世界相通、相融。这样，才能在儿童心灵里搭起"一带一路"。

当下儿童走向世界俨然成为城市大多数家长的必然选择，走出国门，到国外去看看已成为一种潮流。这本不必惊诧，也无须疑虑。生活条件的不断改善，让孩子出去看看既是需要的，也是可能的，这些现象已属正常。问题在于价值的澄清、辨别、选择，以及由价值认同带来的身份的再确认、再坚守。文明世界、多元文化也是个"花花世界"，有鲜花也有毒刺，有新图景也有陷阱，多元价值也会造成儿童价值困惑以至迷乱。这些现象聚焦到一点，就是我们的祖国在哪里，我们的根在何处，我们魂归何方。众所周知，儿童是有自己祖国的，儿童首先属于祖国。这与儿童是属于人类、世界的观点并非对立。这二者真正的、准确的含义应当是，儿童站在祖国瞭望世界，从祖国出发走向世界，又站在世界看祖国，让祖国更加繁荣昌盛；心里有祖国，才会真正有世界，一个失根丢魂的人不会在世界站稳脚跟、安顿心灵；一个真正爱人类的人，把整个心灵献给世界的人，才会真正热爱自己的祖国。这正是儿童秩序的又一正解：儿童秩序具有庄严的民族性，童心首先是爱国心，国家利益高于一切，儿童立场折射中华民族复兴的中国梦，儿童秩序要折射中华民族复兴的秩序，童心随着中国梦而跳动。

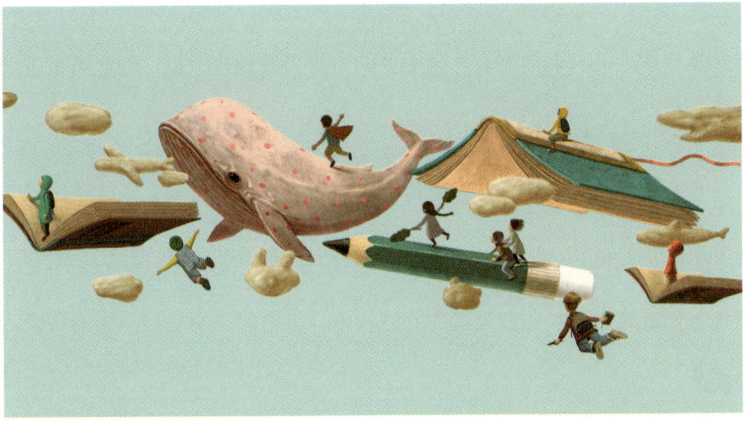

自由是儿童存在的本质，自由也是儿童创造的保姆。不难理解，童心应是自由之心、创造之心。童心里的诗篇当是创造之篇，创造当是童心诗篇里的最强音。

今天我们研究儿童，就是要再一次以新的视角去重新认识儿童、重新发现儿童，重新认识和发现儿童的创造天性与天赋，培养他们的创新精神与创造能力，在儿童创造力的迸发中，去创建儿童的最高逻辑与最美秩序。

因此，当今的儿童研究有个重要命题跳跃在我们面前，儿童发展也有一个华丽篇章在唱响：童心里的诗篇，开篇应当是童声里的中国。童声里的中国，是用童声歌唱祖国、赞美祖国，童心里永远住着美丽而强大的祖国，要把童心献给祖国。开篇说到底是文化认同之篇：国家认同、民族认同、中国特色的社会主义认同、中国共产党认同。唱出的诗篇是用我们的血肉筑成我们新的长城，让母亲河黄河、长江的河水浩浩荡荡，让唐诗宋词元曲明清小说传诵千秋万代，让汉字成为儿童微笑的脸庞和温暖的胸怀，让春节的鞭炮、端午的粽子、中秋的月亮，永远成为中国儿童的心灵符号和深沉的精神追求。当童声里的中国唱响的时候，中华复兴指日可待。

三 | 道德、情感——
童心里的诗篇充溢着道德与情感之美

之前《解放日报》刊登了北京9岁小学生泓辰在"博雅少年说"的演讲。我摘要如下："我妈妈的老家在重庆开县，她小时候上学的地方叫镇东小学。每年寒暑假回老家，妈妈都会带我去她的母校。这所学校里有很多是留守儿童，妈妈让我陪他们玩，教他们学拼音，我们成了好朋友。回到北京，我就想，他们会不会忘掉我呢？我想了个好主意，我可以在线上给老家的小朋友上课，这样他们又能见到我，又能学到英文。我为自己的课设置各个环节。那些单词的组成全是食物，如果他们表现得好，我会奖励他们一个小爱心，甚至一个魔术表演……"他只有5个学生，第一节课用一对五的形式来上课，非常少，还经常听到家长骂他的孩子"你真笨！"后来他决定把形式改成一对二，这样效果好多了。可是问题又来了：必须重复上课。他说："后来我发现，他们要是没上到一节课会伤心，因为他们觉得今天没学到知识。通过视频，我看到他们下课后的复习，和我上课时要求一样，所以我还是决定继续给他们上课。马上我的字母就要教到Z了……"

相信每个人读到这儿都会深深感动，好真实啊，好朴实啊！多美的童心啊，多绚烂的童心里的诗篇啊！的确，我也被感动了。但是，感动之余，想的是：究竟是什么感动了我？是泓辰的智慧？是泓辰的能力？是泓辰运用技术的本领？这些都是。不过还可以追问为一句话：泓辰小朋友的童心里究竟闪烁着什么？他唱的是童心里的哪一篇章？

最近有两件事引起我们的关注。第一件事，第二十四届世界哲学大会在北京大学召开，大会的主题是"学以成人"，通俗的表达就是"学做人"。大会期间，媒体发布的"中国民众最关注的十大哲学问题"里，有这样一条："人为什么要讲道德"。我们常常说要做有道德的人，但很少去追问"为什么要讲道德"。"说来话长。我们生活在一个道德的世界里"，但是"我们不是'天生地'或'必然地'就生活在一个道德的世界里。我们赖以存在的道德世界，以及我们具体实施的道德实践活动，实质上，全是我们在'讲道德'与'不讲道德'的两可之间经过权衡、反思而选择了前者的后果"。说得真深刻。儿童发展，不只是智力发展，更为重要的是道德发展。习近平总书记指出，"国无德不兴，人无德不立"；杜威也说，"道德教育是教育最高的、最终的目的"。不仅如此，道德也是一种能力，在登上高山以后，是道德让人永驻山巅。心理学上将"超我"解释为"个人的道德心"。泓辰，这位九岁老师和他的五个学生的故事，正是体现了他在自己的道德实践里，选择了"讲道德"和"有道德"。童心，应当是道德之心，但道德之心必须在道德实践活动中锻造，锻造的结果才会让"仁义礼智"成为人"心之四端"。倘若，童心缺失道德的滋养与丰盈，童年生活缺失道德的支撑与引导，童心里诞生不了美的诗篇，童年很有可能回到"丛林状态"去。

第二件事，世界经济合作与发展组织（OECD），从2016年开始持续进行社会与情感技能研究。他们认为，社会与情感技能是21世纪的重要技能，而且作用日益显著。"在急剧变化的时代，学习、工作、生活节奏在不断加快，人们经常要面临新的环境和新的挑战，单纯的专业知识技能已不足以支撑个人发展"。为此，经合组织借助人格的五大模型（外向性、宜人性、尽责性、情绪稳定性、开放性），构建了社会与情感技能的"六大模块"，其中第六个模块是复合技能，包括批判性思维、元认知思维等。依我看这是对已有多年的PISA评估项目的补充，而且以社会与情感技能来影响并促进认知发展，因为社会与情感技能是社会进步的技能。这一新动向启示我们，当今的儿童研究，应当更注重儿童人格发展的研究，更注重儿童的发展和整体性研究，尤其是责任心、动机、持久性等人格元素的发展。社会与情感技能我们可以用"情感力"来概括，因为情感包括道德感、理智感、审美感。儿童发展离不开"情感力"，儿童本身就是情感的王子。但是，一个不可回避的问题是，当下的儿童教育仍在应试教育的桎梏中，应试教育将认知教育偏狭为知识教授、分数追求，忽略了道德心与道德力，也忽略了情感力，严重影响并阻碍了儿童的整体发展，使得儿童的人格被扭曲了，童心被压榨了。童心的被压榨、变形、扭曲，是对儿童秩序的伤害，是对儿童秩序的破坏。受伤的童心，怎能快乐？又怎能生出精彩的诗篇？回到儿童的道德力上去，回到儿童的情感力上去，发展他们的道德力、情感力这些新的（因为过去这些能力被驱赶走了），儿童逻辑才会更合理，儿童秩序才会更坚强，童心里的诗篇，才会充溢道德之美与情感之美。

四 | 儿童创造——
童心里诗篇的最强音，儿童的最美秩序

自由是儿童存在的本质，自由也是儿童创造的保姆。不难理解，童心应是自由之心、创造之心，童心里的诗篇当是创造之篇，创造当是童心诗篇里的最强音。今天我们研究儿童，就是要再一次以新的视角去重新认识儿童、重新发现儿童，重新认识和发现儿童的创造天性与天赋，培养他们的创新精神与创造能力，在儿童的创造力迸发中，去创建儿童的最高逻辑与最美秩序。

视角之一：让儿童在挑战性学习中获得巅峰体验。我们坚信并坚守快乐教育、乐学教育，因为，快乐、乐学不仅针对当今儿童学习的过于痛苦，更为重要的是，快乐是儿童应有的表情，而表情是内心的确证。那种"凭什么让孩子快乐"的论调是十分荒谬的，不值一驳的。不必争论，让儿童快乐，我行我素。不过，我们对儿童快乐应有完整、深度的认知与把握，那就是儿童快乐不能止于表层，真正的快乐来自对困难、挫折的克服，来自刻苦体验后的内心愉悦。而儿童创造绝不是一个简单的、轻易的过程，没有刻苦的付出就不会有成功的享受。为此，我们应当倡导并坚持儿童在学习、生活中有挑战性任务，在挑战性任务中经受刻苦以至痛苦的考验，进而获得巅峰体验。这种巅峰体验的特征是，在纠结中的思索，在思索中有新的发现，有创意然后带来创造。这种状态，美学上称之为"沸腾"。值得注意的是，挑战性任务不是知识上的难度和深度，而在思维的难度和深度，尤其是批判性思维、元认知思维、创造性思维。思维的挑战性才会有深度学习和新的创见。

视角之二：允许发呆，让儿童的创造有凝聚的时间。孩子常常"莫名"地发呆，孩子喜欢发呆，发呆是孩子的天性与特征。如何看待，尤其是如何对待儿童的发呆呢？发呆是孩子心理活动的外在状态与表征。比如他遇到了一个极具挑战性的难题，他在苦苦思索；比如他在努力地表达对一个问题的看法，发表与众不同的意见，可不知怎么表达才好；比如他在异想天开，甚至是胡思乱想。在"想入非非"时，他忘了他人，忘了班级，忘了纪律，也忘了自己……总之，孩子发呆时，就进入了创想、创造的状态，而这样的创想、创造需要给他时间，这就是所谓"给创造以凝聚时间"。假若，此时打断他，可能扼杀了一个天才的想法，甚至扼杀了一个天才。让孩子发呆的时间和机会多一点吧，别去劝阻他，更不去责怪他，然后，引导他把刚才发呆时想到的东西写下来，出个集子名曰"发呆集"。那该多有意思多有意义啊！记住，精彩的观念比背记一个知识点、熟练一个训练点重要得多。当然还要记住：别忘了对他所想的东西进行价值辨别，实行价值引领。

视角之三：在现代信息时代，应当引领儿童走向田野。当下的儿童处于多重技术包围中，虚拟世界的生活方式成了他们的追求，越来越多的"线上"包围着孩子：线上学习、线上游戏、线上交友、线上娱乐……慢慢地，不知不觉地，儿童成了技术的附庸，技术却成了主人，而真正的主人则在"线上"迷失了方向，丧失了兴趣，丢失了创造性。何时才能让现在的儿童体会那时我们在田野上奔跑、在林间玩耍的快乐，并由此带来的新的找寻、新的发现、新的创造？这是一个问题。解决这一问题并不意味着拒绝新的技术，而是与此同时，从沉溺的虚拟世界里摆脱出来，将"线上"与"线下"学习结合起来，再次走向大自然，愉悦身心，换一种生活、思考的方式。让他们从大自然的胸怀里获得创造的灵感，或是激活他们的思维，产生新的联系，由此及彼、走向创造，就要把美国学者理查德·卢夫的《林间最后的小孩》，改写成《林间最会玩耍的小孩》，要将诗人邵燕祥的诗作《放风筝的孩子，你到哪里去了》，改写为《放风筝的孩子，你们又回来了》。

从"最后的小孩"到"最会玩耍的小孩",从"到哪里去了"到"你们又回来了",是对电子时代儿童回归大自然、回归儿童创造的无限期盼。儿童秩序的"自然性"、儿童自然发展的秩序是不能丢失与错乱的,童心里的诗篇一定带着田野的气息、乡土的味道,诗篇里站立着一个活泼泼的真儿童。

以上三个视角,也说不上什么"新"。说其新,是言其重要性,言下之意是,我们需要再次出发。在这个过程中,尤为关键的是我们的教师该怎么站立,儿童研究者该如何开始新的出发。

当下有个理念受到质疑和批评:让孩子们站立在中央,那我们(教师、家长)站到哪里呢?是啊,正中央,只有一个位置,孩子站立了,成人确实无法站立在那儿了。这一质疑的背后隐藏着另一个问题:警惕、抵制极端的儿童中心主义。这一用意我们明白,但这一质疑我们反对。请问,和儿童争位置有意思吗?要知道儿童站立于正中央,就是未来站立于正中央,有什么样的位置才会有什么样的儿童,有什么样的儿童才会有什么样的民族和未来。

美丽的教师带来了最高的儿童逻辑、最美的儿童秩序。这样,童心里诞生了最亮、最伟大的诗篇。

思考时像天才，说话时像孩子

　　写"随想录"的快乐在于"随想"。一如前面所述，"随想"不是随便想，而是在情境中即时想，发生联想；随着事情的变化而想，产生猜想。无论即时想还是联想、猜想，总之是由此及彼地想，是一种想象力的培养。随想让我思维激荡。

　　教育需要想象，教育一定要培养学生的想象力，因为想象是创造的先导。值得注意的是，当下教育中想象的意识很淡薄，想象力培养也很缺失，因而创造力培养亟待加强。我深以为，让教师写写"随想录"，也许会让教育有无法预料的精彩；也让学生写写什么奇思妙想甚或胡思乱想之类的"随想录"，说不定"伟大潜水者"（雨果对想象的比喻）会浮上水面，激起创新的浪花，导向创新的彼岸。

　　最近我读了文章《思考时像个天才，说话时像个孩子》，这个题目特别有意思，充溢着哲理的张力。这句话出自俄裔美籍作家纳博科夫，其原话是："我不是一个沉闷的演讲者，我是一个糟糕的演讲者，一个可悲的演讲者。我未经准备的演讲录音不同于我书写下来的散文,一如幼虫不同于成虫。"他又说:"我思考时像个天才,写作时像个杰出的作家,说话时却像个孩子。"这篇文章抨击了一种现象:今天的作家似乎总是喜欢到处演讲,其中有个目的,那就是推销自己的作品,不过他们往往把这一目的隐藏于谈笑之间。"说话时像个孩子"实际是对这些演讲作家的批评:说话不加思考,没有条理,逻辑不清,像个孩子似的简单、粗糙,甚至有点信口开河。有位哈佛大学哲学系的博士生观察到这一现象,不客气地请这些作家"闭嘴"。而解决这一问题最好的"解药",是把说的认真落在纸上。

其实,我倒不完全这么认为。的确,孩子说话时常常没有想好就要发言,发言时又结结巴巴,还有不少的病句,也会有错误的表达。但这正是孩子表达的特点。想说话,说明孩子有表达的欲望和勇气;说话时往往边想边说,边说边想,但会不时"蹦"出点精彩无比的话来,让我们在忍俊不禁时领悟到什么。此时,孩子的脑子里滚动着多少奇思妙想啊,激荡着多少独特的见解啊,可是他"心有余而力不足",不能完全表达出来,说不清楚。这就是孩子。

如果反其意而用之,从积极方面去看"说话时像个孩子",那么这既点明了孩子说话的特点,也在肯定孩子的优点——勇敢、率真。他们没有一些成人的顾忌、圆滑,不像某些成人巧舌如簧,也不像有的成人喋喋不休……这些正是孩子说话时表现出来的品格和优势,值得肯定、赞美。当今,我们需要这样的特质和品格,少点花哨,少点作秀,少点客套,少点刻板，少点浮夸，少点"教训腔""表态腔""标题党"……当然，这绝不意味着我们只停留在孩子表达的层次和水平；相反，要在保持孩子的表达品格和优点时，在淬炼中凝练、在凝练中掘深、在掘深中提升格调，由浅入深，深入浅出。

像孩子那样说话，会让我们永葆一颗童心。童心，即赤子之心、智慧之心、创造之心。孩子其实是天才，他们思考时也像个天才。每年在上海举办的世界顶尖科学家论坛都会安排小科学家专场，邀请一些中小学生参加。讨论时，这些孩子坐在桌边，桌子上铺着白布，他们想到什么就随时写在白布上面，或是一个短语、一个小图标，或是一个标题、一组数字……孩子们写下了自己灵感的火花。顶尖科学家们说，这些孩子代表着未来的模样。国际上还有一项培养青少年创造力的DI头脑创新大赛（也叫"目的地想象"）。大赛要求参赛者形成方案，利用竞赛组提供的材料，开动脑筋，在最短时间里进行作品组装，向目的地进发。"目的地想象"为孩子们提供了进行天才思考的场景与平台，孩子们表现出的无限创意令人钦佩不已。

要让孩子思考时像个天才，说话时像个孩子，关键在于解放孩子。解放孩子应当是培养拔尖创新人才的"第一法则"，而解放的前提是尊重孩子、信任孩子。老师们、家长们，还有专家们，是不是也应该思考时像个天才而说话时像个孩子呢？这样，我们才能成为教育的智者。

反其意的"随想录"，真好！

作为教师的儿童

教育中，教师与儿童的关系，是一个经典的话题。这一经典问题的本质，就是如何让儿童的特质在教师身上得到准确、生动的映射和充分体现，其目的在于以此构建良好的师生关系，让教师关怀、帮助并促进儿童身心的健康成长。

教师与儿童的关系，聚焦于一个问题：教师要不要像个儿童？如果要像，那么应该像一个什么样的儿童？这样的聚焦首先体现了教师主动向儿童靠拢意识的增强，力图让教育更能体现儿童的身心发展规律，走近儿童，走进儿童，优化教与学的情境，从中触摸儿童发展的节奏与逻辑。教师这样的主动性，正是在要主动靠拢、走近、走进的过程中，转变、完善、提升儿童观，又将教育观深植在儿童观中，让教育更显温暖，让儿童对教育有更强吸收性的心理，因而更快乐，在童年生活中享受成长的幸福。

这一经典话题带来的基本关系有各种不同表述，不同的表述也显现了理念上的差异，其根本原因在于认识深层次的更迭与深化。其实，这也很正常，因为各人认识的视角不完全一样，不同的切入点当然有不同的认识及其表达；视角的差异带来视域的丰富，让教师的角色与身份更多元也更立体。不过，在诸多的阐释与表达中，我们还应做些厘清与剖析，选择准确、合适的表达，确立并坚守科学的儿童观、教师观，推进师生关系的发展，提高人才培养质量的提高。

我做了个大体的梳理，教师与儿童的关系可以概括为四种表达，也可看作是教师对自己角色身份确证的四种划分：我是教师——我是儿童——我是长大的儿童——作为教师的儿童。

"我是教师"，这样的认定当然是正确的。在教育的关系中，只有两种人：教师与学生。"我是教师"是对这一基本关系的坚守。这一确认与坚守背后的逻辑是：我是儿童的教导者，肩负着教育的责任与使命；而儿童则是我教育的对象，教育儿童来不得半点的含糊。但是，这样的表述，还没有将教师与儿童的关系放在互动中，要知道师生关系在当代已演化为教室里只有两种人——学生教师、教师学生。这种演化实质是双向转换与建构，学生可以成为教师，教师也可以成为学生。融通性是时代的一大特点。显然，只强调"我是教师"很有可能带来师生关系的隔离，而缺失了应有的互相转化、融入。可见，边界的过于清晰与坚守，妨碍了关系的打开，不利于形成教育共同体，长期以来，教育中存在的不了解、不理解、不融通、不和谐等问题几乎都与此有关。"我是教师"的表述，在与儿童共存的关系中应适当"软化"。

"我是儿童"，这样的表述表达了教师向儿童转化、真正走近儿童的迫切心理，体现了教师民主教育思想的价值追求和进步，努力求得师生关系的尊重与平等。其核心不在让自己在物理层面再次变成儿童，而是在心理上与儿童和谐相处。在语言表达上，一如陶行知所言，让我们重温儿童时代；一如陈鹤琴所言，让我们重新做回儿童。在表现形态上，一如绝大多数教师所坚持的：蹲下身子看儿童。这一表述有个重要的假设：儿童是伟大的，儿童是天生的哲学家、天生的科学家、天生的艺术家，儿童是"成人之父"。这一假设带来了一种理念的诞生：向儿童学习，我要变成儿童。这里隐藏着一种文化心理：教育者对儿童的崇拜。所以，蒙台梭利对那些崇拜她的教师和专家们说，你们不要崇拜我，要崇拜我手指的方向——儿童。当然，需要深入领会并进一步解释的是，蒙台梭利"儿童崇拜"的实质是"儿童发现"，并以此建构了她的伟大的教育学。还需要说明或需要警惕的是，如不深入研究，这样的表述很有可能使教师应有的教育职责有所弱化，使教师应有的角色、身份有可能有所淡化。也可能让人容易产生一种误解：极端的儿童中心主义。因此，我们在赞美教师向儿童学习理念和美德的同时，一定要准确把握好分寸。

"我是长大的儿童。"大家都知道，著名的中国特色情境教育首创者、儿童教育家李吉林曾在《人民教育》上发表过《我，长大的儿童》一文，产生了极为广泛和重要的影响。这一表述，显然在强调"我是儿童"，但向儿童学习的同时要有一种清醒的认识、对自己的提醒：我还是教师，担负着对儿童进行教育的天职。这一表述的深刻含义是：我是儿童，我要真正走进儿童世界；我是教师，但天天在成长，与儿童共同成长；"长大的"意味着又与儿童有一些区别，要领先一步、要更高一层，只有这样才能引领儿童；即使是"长大的"儿童，仍永远是儿童，永远和儿童在一起。这一表述关键就在对"长大的"三个字意蕴的理解上。

"作为教师的儿童"，这是蒙台梭利在她的经典著作《童年的秘密》中的表述，因为是一个标题，所以很醒目。遗憾的是蒙氏并没有作出解释。不过，我们还是能够领会的，那就是，我首先是教师，不过我还是儿童。有别于其他的表述，"作为教师的儿童"将教师的角色身份与拥有儿童的特质，精准地编织在一起，具有一定的学术性。作为儿童，才能发现儿童；作为教师，才能引领儿童；作为教师的儿童才能全面、辩证地把握关系的尺度，也才能既体现儿童的特质，又体现教师的职责，两者糅合得特别好。如果说，"长大的儿童"更具儿童的口吻，更显形象，具有生动活泼的特点，那么，"作为教师的儿童"则是学术性话语的表述，更有周全性和规约性，更易于教师准确地把握好、实施好。

前文说过，以上的几个说法是对教师映射儿童特质，确立正确教师观、儿童观的几个阶段，其实，这样的表述是不严谨的。以上四种表述都是对教师与儿童关系认识的不同视角，各有各的特点与优点，而且相互缠绕、交织在一起，可以相互映照，也可以相互启发。我们不必把它们分割得过于清楚，不妨模糊一点，这样内涵会更为多彩。不过，我们心中应当有个准绳，之于儿童，教师是"作为教师的儿童"。

人类的伟大史诗与草稿的修改

儿童观，通俗地说，就是如何看待儿童、如何对待儿童。儿童观的本质就是对儿童本体价值的判断，包括对儿童未来发展价值的预判与期待。而儿童观、儿童本体价值总是存在并显现在儿童的言行中，因此确立正确的儿童观，应该"观儿童"，犹如价值观要观价值一样。

其实，每个人都有自己的儿童观，只是表达不同，但一定要处在自觉状态，因为儿童观应具有稳定性。比如陶渊明用饶有兴趣的《责子》诗，历数膝下几个孩子的种种不肖："虽有五男儿，总不好纸笔。阿舒已二八，懒惰故无匹。阿宣行志学，而不爱文术。雍端年十三，不识六与七。通子垂九龄，但觅梨与栗……"

陶渊明在观儿童，他的儿童观倾向于儿童是顽皮、懒散、无心向学的——至少对他家里的儿童。而丰子恺呢？他在《儿女》一文中说："近来我的心为四事所占据了：天上的神明与星辰，人间的艺术与儿童。这小燕子似的一群儿女，是在人世间与我因缘最深的儿童，他们在我心中占有与神明、星辰、艺术同等的地位。"显然，丰子恺与陶渊明"观"到了不同的儿童，准确地说是"观"到了儿童的不同方面，形成了不同的儿童观，儿童观就隐藏在"观儿童"中。

把一切心灵献给孩子的苏霍姆林斯基用一句比喻表达了他的儿童观："儿童是人类伟大史诗的草稿。"我认定这是伟大的诗句，是经典的苏氏儿童观。我很赞同，也自愧远远不如苏霍姆林斯基，难怪他成了教育家。在我的理念中，教育观、课程观、教学观、管理观是基于儿童观的，抑或说是以儿童观为底色的。

"儿童是人类伟大史诗的草稿"，内涵非常丰富，主要体现在两个方面：儿童的伟大与儿童"草稿"的修改。这两方面统一、结合在一起，才是完整的儿童观，舍弃其中任何一方面都是欠缺的、"跛脚的"，之于教育、之于儿童的发展都是不利的。现存的问题恰恰是在这两方面认识、把握都不够，都有问题，两方面统一在一起更不够。于是，"儿童是人类伟大史诗的草稿"内涵的完整性这一命题就凸显了出来。

先讨论第一方面，儿童是人类伟大史诗的草稿。首先，显现了儿童的伟大，他们是人类的骄傲。其内涵是，人类的一切秘密都隐藏在儿童身上，认识人类，首先要认识与发现儿童；认识、发现儿童，正是认识、发现人类。进一步说，有什么样的儿童就有什么样的民族、什么样的人类、什么样的未来，我们培养了好儿童就是塑造了民族和未来。所以，教育要坚守"儿童第一"的立场。其次，显现了儿童具有伟大的可能性。可能性是未来

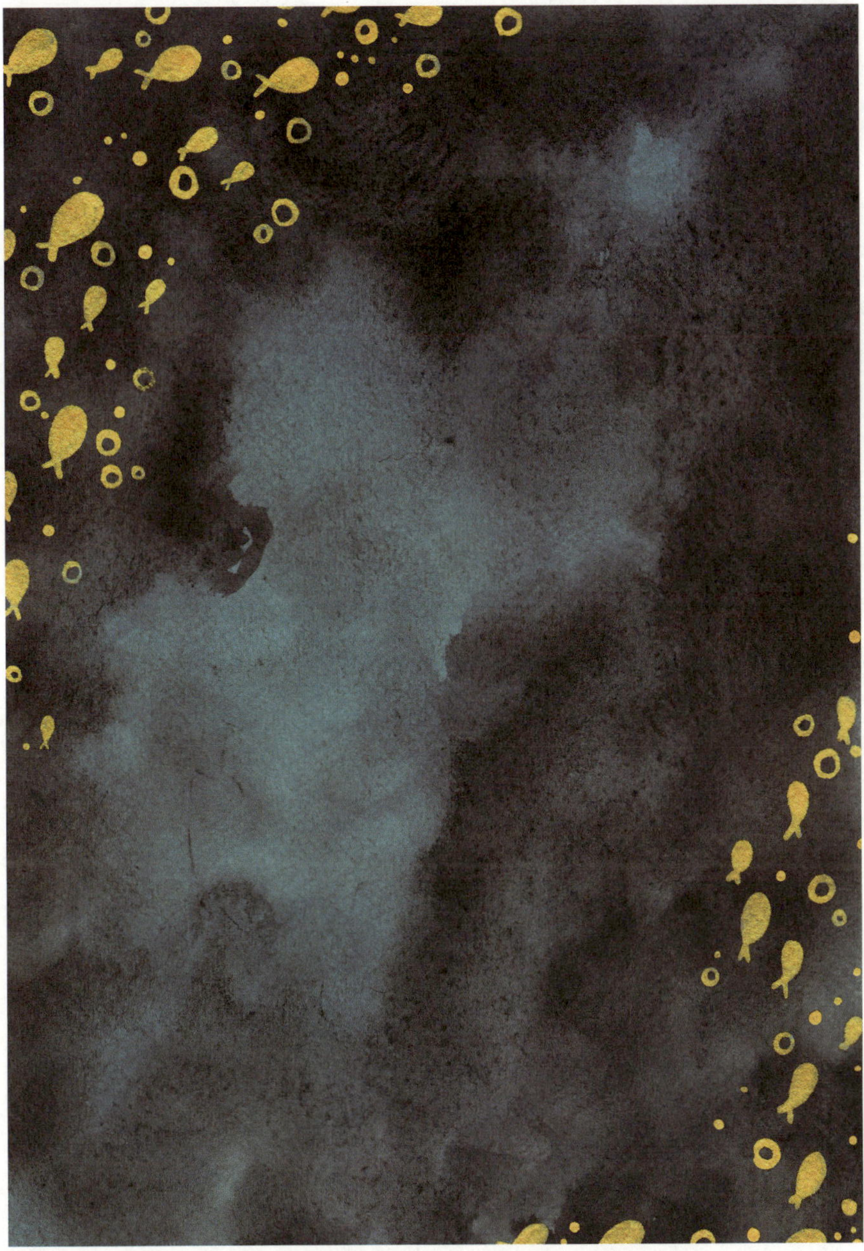

成人总是走不进儿童的世界，而儿童在走进成人世界、发现成人秘密的同时，总是保留着自己的见解。

　　这种姑且叫作"反讽"的话语，正是儿童独特的旋律，是儿童秩序的自然体现。我们应该以极为鲜明的态度来维护儿童秩序，绝不能武断地惊扰他们，打乱他们的秩序。

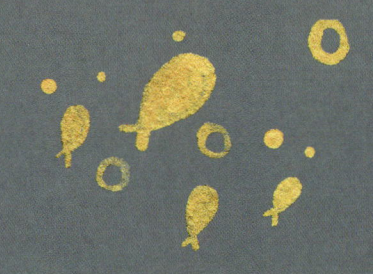

性，具有不确定性。但可能性的能量无比巨大，可能性正是生命创造的能量，可能性正是创造性。儿童的可能性存在于三个方面，一是存在于现实中，二是存在于梦想中，三是存在于时间的流淌中。对儿童可能性的尊重与呵护，是对未来、美好、创造的尊重与呵护。因此要"观"儿童的现实表现，要珍视儿童的梦想，要相信儿童，并给他们足够的时间和乐观的期待。

基于以上的想法，我们的核心理念是解放儿童，解放他们的心灵。陶行知的"解放论"至今都是熠熠发光的。只有解放儿童，让"草稿"明亮、灿烂、生动、丰富，让梦想镶嵌在"草稿"中，让美好在"草稿"里跃动，让时间在"草稿"里闪烁出独特的光彩。遗憾的是，我们在尊重儿童、信任儿童、解放儿童方面，认识得很不到位，做得很不够，"人类伟大史诗的草稿"往往被当作错误百出的废纸扔进了垃圾桶。这是个大问题。

再讨论第二方面，草稿的修改。凡是草稿总得修改，修改后的草稿才能最终成为史诗。大凡修改草稿要有个原则：尽最大可能尊重草稿，不因稚嫩而讥笑，不因错字错词错句而斥责，但必须严格，尤其是价值、方向的问题更要澄清，不可视而不见，更不可糊涂了事。价值引领是"草稿"修改的第一要义。修改草稿也是个过程，是让草稿从欠缺到完整，从模糊到清晰，从表象描述到有点理性思考，错字、错词、错句、错标点得到改正。草稿的修改需要爱心、耐心、细心，需要严肃之心、严格之心。不修改，草稿永远是草稿；修改，才能让草稿最终成为人类伟大的史诗。但是，一切的修改都是以人类伟大史诗为方向、前提、原则的。好比要给小禾苗浇水、增加养分，就如给小树木剪枝理叶，恰似让花蕾经风雨、见世面。

　　就是这样。在儿童成长过程中，解放与规范，自由与守纪，活泼与严肃，快乐与刻苦……两方面的结合、融合才能体现完整的"儿童性"，也才是人类伟大史诗草稿的内在逻辑，当然才是科学的儿童观。当下，我们需要这样的辩证法，需要建构一个完整、科学而美好的儿童世界。

对儿童的神圣肯定

儿童是谁？

这是历史之问，也是现实之问，当然还是未来之问，是世界的永远之问。儿童之问具有永恒的价值性、不朽的精神性。

大家都在努力地试着回答，从不同的视角拿出自己的答案，表达对这一问题极大的关注和深刻的思考，也寄托着自己的希冀和期盼——因为我们都曾经是儿童，我们还将是儿童。

哲学家回答了，充满着哲理，比如尼采。尼采说："我将告诉你们有关精神的三种变化——精神如何变成骆驼，骆驼又如何变成狮子，最后狮子又如何变成儿童。"他的意思是，儿童在精神上和骆驼、狮子一样，但骆驼、狮子办不到的事，儿童却都能做到，因为"儿童天真无邪且善忘，是一个新的开始、一个游戏、一个自转的轮子、一个最原始的动作、一个神圣的肯定"。[1] 尼采认为他现在还是一个儿童——精神上的。

---

① 林郁.尼采格言集[M].台北：智慧大学出版有限公司,2004:31-35.

社会学家回答了，充满着社会关怀，比如几位社会学家。艾莉森·詹姆斯、克里斯·简克斯等，他们说，"我们可以大胆地作出这样的定义，即童年总是处于错误空间的人生阶段"，[①]因而，儿童往往受到不合理的限制，而"儿童对于这些限制的体验都是特别矛盾的，通常是无规则的，更是不稳定的"。正因为如此，我们不能将儿童放置在错的地方，否则儿童将成为"长在错误地方的野草"。[②]那儿童应该获得一个什么样的成长空间呢？我们要进一步作出回答。

教育学家回答了，诗意中内蕴着儿童的未来可能性，比如苏霍姆林斯基。这位伟大的教育家有一个极富浪漫色彩的比喻："童年时期所种的一小撮麦粒，犹如一把可以放大的比例尺，它包含着（成年后的）一堆堆金色麦粒、一块块肥沃良田……"[③]同样，一个不可忽略的问题是会"发现这份'草稿'中最美好的部分确易遭到人为的破坏和摧毁"。[④]放大的比例尺，将儿童发展的现实性与可能性统一在一起，可能性成了儿童的代名词。儿童是伟大的，未来可期。

回答"儿童是谁"的，还有其他领域的学者，答案丰富多彩、光辉灿烂。

[①] 艾莉森·詹姆斯，克里斯·简克斯，艾伦·普劳特.童年论[M].何芳，译.上海社会科学院出版社,2014:33.
[②] 艾莉森·詹姆斯，克里斯·简克斯，艾伦·普劳特.童年论[M].何芳，译.上海社会科学院出版社,2014:33.
[③] 孙孔懿.苏霍姆林斯基教育学评传[M].北京：人民教育出版社,2017:129.
[④] 孙孔懿.苏霍姆林斯基教育学说[M].北京：人民教育出版社,2018:24.

他们告诉我们，对儿童应该有"一个神圣的肯定"；儿童是人类隐藏着的文化秘密，是人类的源泉和希望，他们意味着世界新的开始；我们应十分小心地对待儿童，给他们一个安全、合理的成长空间，不能放在错误的地方；儿童既是伟大的，又十分弱小，需要小心翼翼地爱护、保护……于是，所有的"儿童是谁"之问，指向"儿童应该怎么才能健康成长"，又不约而同地提出另一个问题：学校、社会、国家、世界如何从制度层面，为儿童成长制定共同遵循的规则，形成一种具有法律约束力的国际性约定，为儿童铺设成长的"世界轨道""未来桥梁"。

我以为，正是在这一共同背景下（当然还有其他背景的依据与支撑），1989年11月20日联合国大会第25号决议，通过了《儿童权利公约》。这是儿童发展史上的一个里程碑，也是人类历史上极为光辉的一页，定会熠熠闪光至未来。这是以法规的形式对儿童的"神圣肯定"。

儿童是谁？公约作出了回答，中国作出了回答。我们，还将继续探索，作出与时俱进的回答。在"儿童是谁"的回答中，和平的曙光、未来的光辉正在从地平线上升起，越升越高。

对孩子的每一天负责

我家对面，隔着一条马路，就是一所小学。透过窗户我可以看到学生上课、活动的情况，还能听到升国旗时的国歌声，听到读书声、欢叫声。每每此刻，我的心就飞了过去，真想和孩子们在一起。

"双减"政策实行以后，我发现这所小学的校园里发生了一些变化：孩子们早上背着书包去学校的时间推迟了，阳光下走路显得更有精神；晚上，孩子们陆续放学，校门口不再拥堵了，被举着的各种培训班的牌子不见了；操场上，几乎没有空下的场地，孩子们的身影更活跃、笑声更多更好听了；管弦乐团训练的时间更长了，管乐阵阵，琴声悠扬……两句话顿时涌上心头："双减"后虽然出现了一些新问题，但总的变化是积极向好的。这所小学正是一个窗口，让我们看到美好的未来。

确实，"双减"引发了学校教育的深度变革，再次证明，"双减"治的是乱象，生成的是更为积极的意义：在回归与重构中生成了教育改革的双重变奏曲——回归教育本质，回归学校育人主体；重构育人方式，重构教育生态。而这所有的一切几乎都首先落实、体现在学校一日生活之中，抑或说，从一日生活开始，让育人着陆，找到育人的落脚点，让培养德智体美劳全面发展的人的教育体系得以落地，让更高水平的育人体系得以生成。

因此，一日学校生活的重构，意义不可小视，其价值影响具有根基性、延展性、牵引性和未来性。一日透射了六年，将会影响儿童的一生。

一日学校生活关涉学校的时间管理。孩子们生活在时间里，在时间里发展、进步。用《孩子与时间》这本书的观点来看，孩子们在时间里经历，在时间里"注册"，意味着存在，也意味着创造。从总体上看，在学校里，时间是由学校统一管理的。值得注意的是，统一的时间管理让学生形成生活节律，而这一节律又应与心理节律、成长节律相互协调和促进，遵循人的发展规律，让生命发出健康快乐的节拍。与此同时，学生在总的时间框架里要有自己个人的安排，从而学习时间的规划、设计。能不能这样说，"双减"将会构建学校时间管理学，也将会构建学生个人时间管理下的"成长表"？我想这是很有可能的吧。

一日学校生活关涉生活的意义。教育即生活，生活即教育，以往总觉得这个理念离我们现实的学校生活还有点遥远，甚至有点缥缈。"双减"以后，我们一下子被"裹进"了生活。有人说，一个人活着不是问题，一个人怎么生活才是个问题；一个人怎么生活也不是问题，怎么活得像自己才是问题……我以为，这些都是问题又不都是问题，关键是儿童就应当有自己生活的样子，在生活里活出意义来，培养出积极向上的精神、健康快乐的心理、对话合作的品质……学校教育必须以自然的方式,引导儿童在真实的情境里探究、体验,以身体之,以心悟之。教育进入生活,才是真正的教育,生活中的教育才会有意义、有价值的生长。也许,这就叫通过一日又一日的生活,为学生打下人生的底色。

一日学校生活关涉生活的领域与方式。长期以来,学生还是生活在课堂里。符号世界里的生活不能轻慢,更不能否定排斥,而应是优化乃至改造,把符号世界与真实世界的生活结合起来。更为重要的是,"双减"以后课外生活被扩展、丰富、充实起来,与课堂学习生活一起形成彼此联结又相对独立的生活链条,成为完整的生活图谱。在这样的图谱里,学生的视野被打开,格局被打开,心灵被打开。正是这引起我们对学校生活的重新认识、发现和构建。生活图谱是五彩斑斓的,我们没有可能、更没有必要把学校里的一切活动,尤其是儿童自由的生活都变成课程。相反,应当坚定地让儿童拥有自己的空间与时间,比如有神秘的角落、心爱的游戏、想象的"岛屿"、好奇的"宝葫芦"……让非正式学习真正发生。当然,还应该走出去,走向更广阔的校外,让每日生活更多彩与幸福。"苟日新"才能日日新,才能未来新。

联合国教科文组织发布的《共同重新构想我们的未来——一种新的教育社会契约》报告中说,现实充满着脆弱性,未来充满着不确定性。在我看来,"双减"政策正在为形成"一种新的教育社会契约"进行积极的探索,努力破解现实的脆弱性,召唤可以兑现的美好性。完全可以说,我们正在为孩子的每一天负责，为担当中华民族伟大复兴大任的理想负责。我们应更深入地探索，遵循教育规律，我们是负责的，我们富有创造性。

非诚勿扰

近日多次遭遇航班晚点，更有甚者晚点四五个小时，而且备降他地，此时内心的焦虑可想而知。可那些机场广播中表示道歉的话，真的听不出丝毫歉意。而一直待在候机室的旅客，包括我，一致的心理反应是：厌烦、焦虑、不安，又略带一点期盼。不过此刻我最想说的话是：非诚勿扰。

以往，对非诚勿扰没有什么感觉，也不是十分了解，只知道有个节目叫《非诚勿扰》。在亲身经历后，认知才发生变化，也才会往深处开掘。我以为，非诚勿扰，是庄重的宣告，是坚定的提醒，且有些神圣感。其核心是一个"诚"字，无"诚"必"扰"。扰不只是干扰，而且是伤害；扰的是秩序，扰的是规律，扰的是心灵。非诚勿扰的背后，是一种尊严和自我保护以及严正的拒绝。

而我要说的是教育：教育亟须非诚勿扰。因为，教育是神圣的，是不可惊扰的；又因为，当下对教育非诚的"扰"过多，扰乱了教育的规律，破坏了教育的生态。规律被扰乱了，生态被破坏了，还有什么教育可言？

学校校舍建设、校园文化建设非诚勿扰。学校是学生健康生活、快乐生长的地方，孩子最需要什么？孩子最不喜欢什么？未来的孩子发展的"场"究竟该怎么建？学校建设怎么才能落实，体现办学和教育的核心理念？谁最清楚？谁最有发言权？当然是校长，当然是教师。可是行政部门、建筑设计部门，却不理这一切。他们来了解了吗？了解以后又尊重和吸纳了多少校长、教师的意见？很少很少，几乎没有。

　　学校正常的教学秩序、工作秩序非诚勿扰。名目繁多的检查、督导、评比、竞赛，开不完的会议，统计不完的数字，填不完的表格，做不完的"台账"……教师不能按课表上课，不能及时批改作业，正常的教学秩序被扰乱了，教师的心被扰乱了，学生的心也乱了。这还叫学校？还叫教学？还能提高教学质量？这些检查、督导、评比、竞赛……这些表格、数字、会议，一点诚意都没有，一点遵循规律的良心都没有，怎会不扰乱学校秩序呢？

　　最想说的是对学生、对儿童。一切的"非诚勿扰"都是为了不扰学生，对学生的非诚之扰最不道德。是的，对待学生更应非诚勿扰。儿童有自身的身心发展规律，有自身的学习规律，有独特的心理秩序、成长节奏。诚心诚意吧！不要去惊扰他们，不要打乱他们各自的节律。每当我们走进校园的时候，每当我们走进课堂的时候，每当我们走近学生的时候，我们都应当对自己说：非诚勿扰。轻轻地来，轻轻地去，这是非诚勿扰的最美姿态。

学生，思想劳动者

教育，是人类文明宝库中最为灿烂的瑰宝，时时闪烁着神奇的光芒。但只有思想敏锐的智者才能发现它的光，进而捕捉到它，并开发它。比如课堂，比如课桌，我们对此已习以为常，甚至觉得它们平淡无奇，但是苏霍姆林斯基却说："课堂是人成为思想者的发祥地""应当经常跳动着好钻研的思想脉搏"，而学生则是坐在课桌旁的"思想劳动者"。

"学生，课桌旁的思想劳动者"，这几个字犹有千钧之力，一下子撞击了我的心灵。因为，这一用感性方式所表达的理念揭示了教育教学的本质，触及学生课堂学习最深层次的本意，让我们从惯常的思维和认识中跳脱出来，跃上一个更新更高的境界，看到一片亮光。这片光亮扫除了陈腐的观念，用哲学家莫兰的话来说，我们走出了教学中的"黑洞"，一切都敞亮、澄明起来。

认真想来，以往我们只是把课堂当作学习的场所，学生是学习者。这本身没错，但是这样的认知还不深刻。我们当然知道学习是一种劳动，但从没有挑明学习这一劳动的深层含义，因而也就没有把马克思"劳动是'改变世界'的第一支点"这一论述与课堂教学、与学生的学习联系起来，因而常常想办法把学生困在知识的灌输和习题的简单再训练中。于是，"第一支点"失却了光彩、失却了荣耀感。从此，学习与劳动分离甚至对立起来，"第一支点"成为"第一根绳"把学生死死地捆在课桌旁，学习成了一种被压迫、被压制的机械劳动，毫无快乐，更无崇高感和美感。无疑，这是对学习本质的扭曲。

课堂是思想的发祥地，是生长思想、生长精神、生长智慧的地方。我坚持一个理念：中国的软实力是在课堂里培育的。软实力概念的提出者约瑟夫·奈曾对中国社会科学院盲人学者杨佳教授说过："您让我看到了中国的软实力。"因为杨佳一直深耕在课堂，既在中国的课堂，也在美国哈佛大学的课堂学习，并取得了最优秀的成绩。"思想的发祥地""培育软实力"，是对长期以来"课堂是知识的传习所"的改造、优化与跃升。不能诞生思想的课堂不是理想的课堂，不能诞生思想的课堂也很难有所谓的深度学习。

值得注意的是，"思想者的发祥地"的课桌旁的学生不是一般的劳动者，而是"思想劳动者"。苏霍姆林斯基紧接着对"思想劳动者"的内涵与意义进行了阐释："只有首先使自己成为一个思想者，学习思考和学习感受才会成为一种幸福，一种引人入胜的活动。"他还诗意地表达了对孩子们的期待："学校连同它的基础知识、识字课本和第一次上课，连同它的老师，连同它的第一本书，都将作为你的智慧、你的才能、你的品格和你的心灵的高度教养的第一源泉，永远留在你心中。"他告诉我们，思想者之思想是基于学习的思考，包括学习中的思考，也包括对学生的思考；思想者，是将课程、教科书、教学当作教养的第一资源，思想者之思想的表现形态是智慧、才能和心灵。如此的阐释与描述，正是课堂教学所期待和追求的境界。

对此，我也有自己的理解。首先，思想劳动者，应是思维劳动者，具有良好的思维品质，尤其是逻辑思维能力（理性精神）、批判性能力（积极态度、开放胸怀下的质疑能力）、元认知能力（对认知的认知、学会学习）、创造性思维（创新精神、实践能力）。学会学习就是要学会思维，学会思维正是思想劳动者的特质及其思想劳动的方式。其次，思想劳动者应是问题解决者，在发现问题、研究问题、解决问题的过程中，有自己独特的见解、思路和方法。独特的见解、解决问题的精神与能力正是思想劳动者的核心与标识。再次，思想劳动者具有强烈的求知欲、问题意识，有自由而丰富的想象力，以想象为先导，具有创新精神与创造能力。这是思想劳动者的可贵品格与新境界。学生不是思想家，但应当是思想的劳动者，他们今天是课桌旁的思想劳动者，有思想的萌芽，明天也就可能成为思想家或是有思想的实践家。中华民族的伟大复兴需要这样的建设者和接班人。

让课堂成为思想者的发祥地，让学生成为思想劳动者，有一个重要的条件，那就是教学要成为"引人入胜的活动"。引人入胜，在于激发渴望学习的热情，点燃心灵向往美好未来的思想火花，让情感的脉搏跳动起来；还在于让意义流淌起来。而这一切要让学生处在紧张的智力生活中。这是教学的艺术、教育的智慧。要让学生成为思想劳动者，说到底是讲台旁的教师首先要成为思想劳动者，而且是优秀的、杰出的思想劳动者；平庸的教师培养不出思想劳动者。

老师们，让自己的思维活跃起来，让自己的见解丰富起来，这样才会让学生这一思想劳动者生长起来。这，正是教师最珍贵的人格尊严、最伟大的专业价值。

让学习呈现本来应该有的样子

第八次基础教育课程改革已走过 20 多个年头。清清楚楚地记得,《基础教育课程改革纲要(试行)》解读书上写着两行字:"为了中华民族的复兴,为了每位学生的发展。"这两行字已深深镌刻在每一位课改参与者的心灵深处。学习方式变革是第八次基础教育课程改革的六大重点之一。"纲要"在改革的具体目标里明确指出:"倡导学生主动参与、乐于探究、勤于动手""培养学生搜集和处理信息的能力、获取新知识的能力、分析和解决问题的能力以及交流与合作的能力"。

20 多年后的今天,这些话还是那么鲜亮,那么有感召力,对今天的课程改革仍有指导意义。改革总是要先在一些基本问题的解决上寻求突破。学习方式变革就是课程改革着力解决的基本问题之一。

2020 年,中国教育学会首届基础教育论坛在南京举办,主题就是变革学习方式,培养时代新人。会上,当时的北京十一学校联盟总校校长李希贵做了主题报告,讲述了北京边远地区一个叫九渡河的小学的故事。后来,

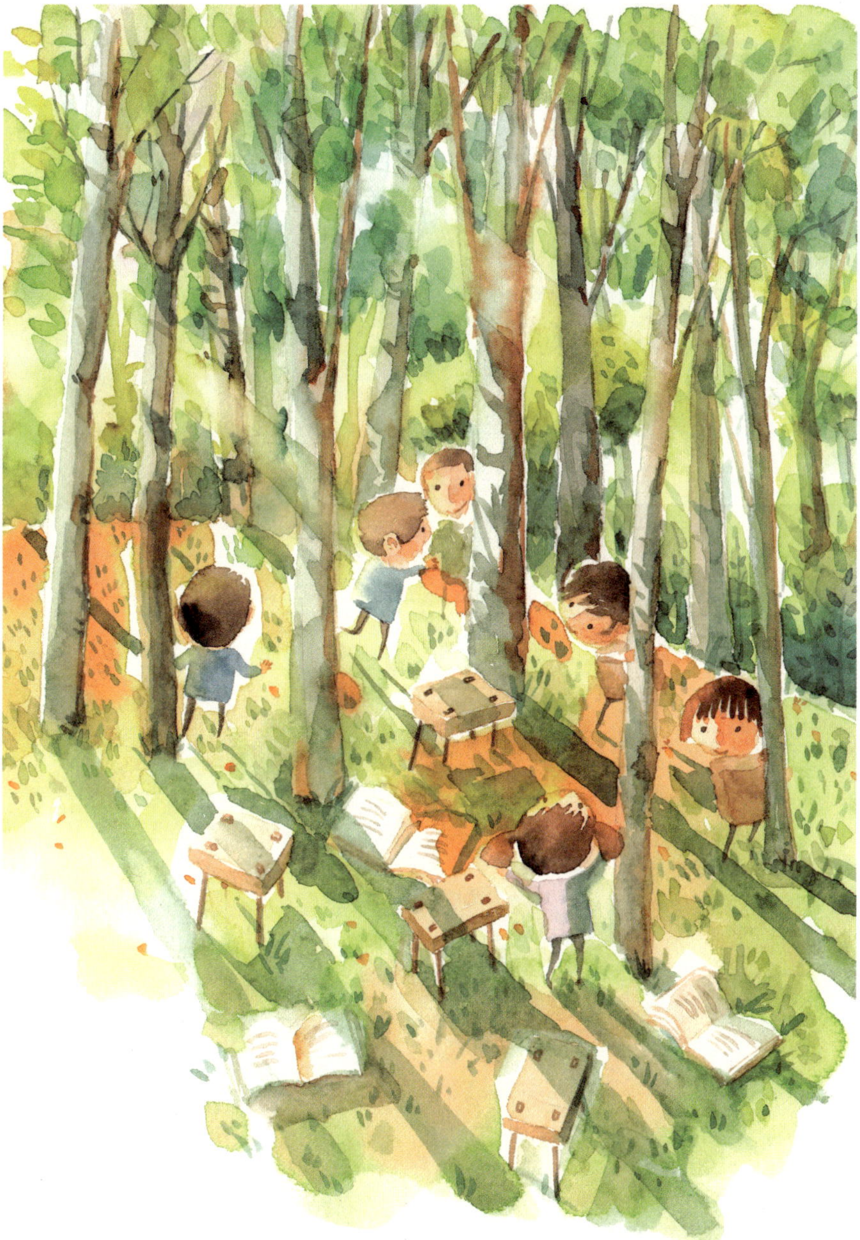

周益民通过课堂讨论，让孩子们一会儿变大，一会儿又变小，就在变大与变小的过程中，孩子们回到话语之乡去了，怀着乡情，怀着梦想，从源头起飞，在语言的上空盘旋。在周益民的语文课堂里，孩子们变大了，我们也变智慧了，变年轻了。

一直在十一学校蹲点的教育专家沈祖芸老师也讲过这个故事，诸多报刊都转载过，引起过广泛关注。

九渡河小学是一所山村小学，在怀柔区的深山里。新校长于海龙在周边几个山村里贴了很多告示，招聘辅导老师。告示贴出一周时间，有 80 多人报名，有剪纸的、做豆腐的、做灯笼的、养蜜蜂的、养鱼的、养蚕的、榨油的、做饭的……都是普通村民。后来这些辅导老师和学校老师一起开发了很多课程，带领学生开展了很多学习活动。其中有一项是做豆腐。于校长不仅要求把豆腐做出来，还要求卖出去。这是个不小的挑战。为了应对这个挑战，学校里的各科教师都参与进来，把各种课程都融合进来。沈祖芸老师说："学生们带着真问题，满世界寻找解决方案，这才是学习本来应该有的样子。我在九渡河小学的大门口，看到墙上写着这样的校训——脚下有根，眼里有光。"

这所山村小学的课程改革故事，生动而又深刻地诠释了学习方式变革的内涵与意义。其一，学习方式变革是与课程内容改革镶嵌在一起的，学习方式变革必然牵动课程内容的变革，反映的是课程改革的理念变化。其二，学习方式是在学科融合中变革的。故事中所说的"融合进来"，正是科学、数学、语文等学科的有机融合，黄豆与水的比例、重量单位的换算、广告文案的编写……学生需要运用多种学科知识来解决实际问题，培养复合性思维，体现的是综合育人的思想。其三，学习方式变革折射的是学习理念的转变。在真实、复杂的情境中学习，在生活实践中学习，在用中学、在创中学，体现的是实践育人的原则。其四，学习方式变革把学生带到更广阔、更宏大的时空，让他们满世界寻找解决问题的方案，培养的是创新精神与实践能力，发展的是创新素养。

不难看出，学习方式不是孤立的，它影响、牵动着整个课程改革，让学习成为"本来该有的样子"，其实质就是育人方式的根本性转变，"本来该有的样子"其实质是未来的样子。学习方式变革在课程改革、核心素养培育、担当民族复兴大任之间搭起一座桥梁，其价值实在不可低估。

语文学习方式变革呢？大概也可以从中得到一些启发。无论是任务群还是大单元教学，无论是大观念还是跨学科主题学习……不都是通过学习方式变革撬动课程改革，让学生在丰富生动的语文实践中学习语文，最终成为"脚下有根、眼里有光"的时代新人吗？当然，其他学科教学也应有这样的理念和改革的勇气。

给学生一次当教师的机会

我清清楚楚地记得，在上小学三年级时，教我们的一位老师讲课挺认真挺努力，但总是讲得不清楚，有些话不知道重复了多少次，我和同学们都听得如坠云雾之中。当时，我内心有个冲动的想法："让我上去讲吧，也许同学们会喜欢。"后来回想起来，我常常反思：我当时的想法对吗？是对老师不尊重吗？是有些狂妄骄傲了吗？直至读了一些教育科学理论，我才有所释然：其实在教室里，除了一般意义上的教师和学生，还应该有"学生教师"。

教与学的过程是师生深入对话、互相学习、彼此促进、教学相长的过程。因此在某些时候，教师可以是学生，向学生学习；学生也可以是教师，承担解惑的任务，师生的角色是可以互换的。有时候，学生的心理状态、情感"冲动"、"胡思乱想"里面，说不定就蕴藏着一些教育原理、教育规律的"胚芽"。如果教师能俯下身来，多听听学生的心声，可能就会有意外的惊喜和收获呢！

近日读报,看到关于外语教育家、北京外国语大学陈琳教授的故事,题目是《百岁陈琳:俯身著述起身授课》(详见《光明日报》2022 年 5 月 16 日)。故事内容十分精彩,其中有一段非常有趣,令人回味。1946 年,陈琳转读金陵大学三年级,在一次与校长的偶遇中他得知,在转入该校的入学考试中,他的数学只有二三十分,但由于英文几乎满分,因此大家讨论了很久,还是决定录取他。当时,陈琳在学校选修了一门伦理学课程,这门课由一位姓张的留美教授用英文讲授,每周一次。一天,张教授对陈琳说,自己下礼拜要到外地,不能来上课,请陈琳帮忙上一次课。陈琳很惊讶,回复说自己大概担当不了。张教授鼓励他:"我知道你的英文很好,你就讲孔子的孝道,没问题。"陈琳很重视这件事,就到图书馆找来《论语》的英译本仔细研读,全力以赴准备这堂课。没想到,讲课那天一进教室,陈琳扫了同学们一眼后,发现张教授竟然坐在最后一排靠边的座位上。陈琳大吃一惊,只见张教授微笑着向他摆手,示意他继续上课。由于英语基础扎实,准备又充分,陈琳那堂课讲得十分成功,赢得了同学们热烈的掌声。

读完这个故事的感受,我用心潮澎湃来形容恰如其分。我想,如果小学时的那堂课,老师也像张教授那样让我代他上去讲会怎样呢?估计不会太差,甚至会很精彩。陈琳的故事再次印证了一个理念:学生是可以当老师的。这一理念的深刻意义在于,当教育成为自我教育的时候,尤其是教会别人的时候,教育的深刻意蕴才能真正体现。由此可以演绎为,最好的教育是自主教育，最精彩的教育是教会别人的教育。

让学生当一次"教师"，至少有几方面的意义。第一，学生通过自己的理解、把握以及给别人的讲解，能够将知识真正内化，让书本上的知识"活"起来，由此撕开与知识之间的隔膜，形成自己的认知框架。第二，教学的成败全在于对学生的学习状况、方式、逻辑的准确把握。学生在给他人讲解时，最清楚内容重点在哪里、难点在何处、"痛痒"、困惑之处是怎么产生的，因此会针对问题有所破解，而不是无的放矢。第三，让学生当一次"教师"，去上课，相当于给学生提供了展现自我的机会和平台。有机会就会有发展，有平台就会让可能成为现实。

江苏无锡锡山高级中学校长唐江澎也有着跟陈琳类似的经历。小学五年级时，唐江澎在乡村的巡回教学点上学。一天，巡回的教师忙不过来，就给了唐江澎一把哨子，让他帮忙给复式班的同学上课。当时，复式班高年级的同学学习语文，低年级的就上数学。唐江澎这位五年级学生竟然把复式班的课上下来了，而且效果很不错。那只哨子就是上课的铃声，给哨子就是把教的权力给了他。唐江澎这个"吹哨人"成了学生中的"教师"，即"学生教师"。这一经历唐江澎铭记于心，也许正是这一经历在他心中播下了当教师的种子，并在多年后长成一棵大树——如今他成了全国著名特级教师和有重要影响力的名校长。

因此，我们可以做一小结：让学生有机会当一回教师，这是教育教学改革过程中一个极具挑战性的命题。当年，陶行知提倡小先生制，固然有客观的历史背景，但更重要的是，他已洞察到教育的真义与真谛。遥想当年，俯瞰当下，我们应当坚信：学生是可以当教师的，大学生能做到，小学生也能做到。所以老师们，相信学生，放开手脚，给学生一个机会吧。当然不是每堂课都让学生当教师，但是哪怕只有一次，可能都会改变学生，甚至改变学生的一生。

汉字学习中的祖国

有两个识字教学改革的故事一直留在我的记忆深处，镌刻在我的心里。

斯霞老师主张随课文识字。20世纪80年代，她上过一篇课文——《我们爱祖国》。课文中有句话："我们爱祖国。"怎么让一年级的小学生认识"祖国"两个字，并理解其意思？这很难。斯霞老师是这么教的："小朋友，什么叫'祖国'"？一个男孩儿说："祖国就是南京。"教室里哄堂大笑。斯霞老师非常严肃地说："不要笑，南京是祖国的一座城市。什么是'祖国'呢？"小朋友说："祖国就是国家。"他们的内部语言是，既然一座城市不是祖国，那么祖国应该是国家。斯霞老师在肯定这一理解以后说："是的，祖国是国家，可是世界上有美国、英国、法国……那么多国家，哪个是祖国呢？"小朋友说："祖国就是自己的国家。"他们的内部语言是，每个国家的人民都有自己的国家，他们的国家肯定不是我们的祖国。斯霞老师马上接过话来，说："对！祖国就是自己的国家，是我们祖祖辈辈、世世代代生活的国家。1949年中华人民共和国成立，中华人民共和国就是我们的祖国。小朋友,让我们一起读——祖国,我们爱祖国!"稚嫩却真诚的童声,在教室上空飞扬,飞向了蓝天。

于漪老师是镇江人。她小时候在一条巷子里的小学校上学。这一故事我在《上有灵魂的课》里讲过了,再重复讲一次吧,也许会给你留下更深刻的印象和思考。一天,老师教小朋友们描红。大家认真写着,一笔一画,认认真真。突然,老师叫大家停下来,说今天的阳光特别灿烂,我们拿着描红纸到外面去,对着太阳来看。一个个小朋友举起手中的描红纸,对着红红的太阳看起来。于漪突然发现:啊!太阳照射下的描红的字,那么红,那么亮,那么美。大家都兴奋地叫了起来。就是从那堂课开始,于漪老师一直记着:中国汉字最亮,母语最美。

讲完这两个故事,想起课题"全语境:儿童汉字学习新探索",感觉就完全不一样了。我领悟到,汉字的教学,不只是教儿童识字写字,还要把热爱祖国的种子悄然地播撒在儿童的心田里;每一个汉字都是一个中国故事。识字、写字教学的目的是教儿童做堂堂正正、挺起民族脊梁的中国人。这叫什么?叫"汉字里的中国"。认识汉字,就是认识中国,热爱祖国。这又叫什么?不妨叫作"汉字学习里的儿童"。儿童在汉字学习的过程中学习母语,找到精神的家,滋养自己的生命,塑造自己的灵魂;借助汉字踮起自己的脚,回望历史,瞭望世界。我再一次领悟到,儿童的汉字学习,既需要扎扎实实地传承,又需要努力地创新。传承是弘扬中华优秀文化,创新则是让中华文化走向未来,走向世界。

"心教育"：极强的解释力与引导力

教育总有其基本规定性，而基本规定性折射的是教育基本规律，显现的是教育的共性。但基本规定性并不否定、排斥教育的个性，没有个性就无教育的特色，甚至就无教育的生命力可言，也就无所谓个性。

正是在这点上，河南省洛阳市西工区的教育者作出了极有价值的探索。他们提出了区域性教育主张——"心教育"。这么多年来，在"心教育"的引领下，西工区的教育发生了极为显著的变化，甚至是质的变化，为教育的改革、发展提供了"西工样本"。"心教育"就是这个样本的核心理念，抑或是"西工样本"之灵魂。足见，地域性教育主张是何等重要。

何为"心教育"？"心教育"丰富而深刻的内涵，具有极强的解释力，因而具有极强的影响力和引领力。

心者，人性也。"心教育"直抵人的内心，是对人的尊重、呵护，将"以人为本"真正落实在教育改革和发展过程中。教育的天空，飘扬着一面旗帜，旗帜上写着"以人为本""以学生发展为本"，闪烁着人性的光辉。当然，

"以人为本""以学生发展为本"又具体化为儿童立场。只有站在儿童立场上，才能真正认识儿童、发现儿童，也才能把握教育的本义与真义，"心教育"是发展每一个人的教育。

心者，核心也。立德树人是教育的根本任务，素质教育是教育的核心，"心教育"的宗旨就是发展素质教育、落实立德树人的根本任务，培养能够担当民族复兴大任的时代新人。由此，我们可以领悟到，儿童立场映射着社会主义核心价值观，中华民族复兴的伟大中国梦已成为儿童、青少年的梦想。有中国心、民族魂，时代新人才能走向世界，走向未来。"心教育"建构的是立德树人的教育模式。

心者，创造也。人的内心存活着无限的创造潜能，青少年学生应当是创造者。西工区有许多共识：教育不是"外塑"的，而是"自创"的；课程是应当重构的；教师可以永不停止地生长；好学校是一方池塘……"心教育"极大地唤醒、开发了教师与学生的创造性，让教师在发现儿童的同时也看见了自己，让儿童在发现自己的同时也看见了未来。心灵的苏醒与活跃，让创造的可能成为现实。"心教育"是开发创造潜能的教育。

心者，健康也。"心教育"旨在让师生身心健康起来，过健康的生活，快乐地成长。这绝不仅仅是心理健康教育，更是生命教育、阳光教育、向上向善的教育。相信"心教育"有可能从心灵的体验上减轻过重的课业负担，也有可能让学生不怕艰苦，以坚强的意志接受挑战，成为一个勇敢者，让心灵永远健康、永远美丽。

心者，新也。教育改革让大家眼前一亮，无论是新思维还是新样态，无论是新路径还是新环境、新协作，一切都在变，而变的根本原因是内心的变化。新进展、新进步、新成就源自内心的新变化。不难理解，"心教育"是充溢着爱的情感教育，是活跃着想象力的思维教育。西工区的学校将会成为思维的乐园。

当这一切都归于"心"的时候，教育就回溯到教育的原点，教育信念就会成为一种常识，教育的规律就会在教育者的手中。

与西工区教体局局长李艳丽结识多年，在教育实践中，她提炼出的"心教育"主张，如今花开西工，令人欣慰。如今，她已升任洛阳市教育局副局长了。由此，我们也会领悟到一个常识：一个区域的教育领导，首先是教育思想的领导，是关于"心"的教育。若此，"寻常一样窗前月，才有梅花便不同"，教育的个性就会在教育主张的土壤及其实践的田野里"长"出来，教育的基本规律就会闪烁着独特的光彩。

回到完整的生活世界
认识"熟悉的陌生者"

儿童是熟悉的陌生者。我们往往对有的儿童认识,对有的儿童陌生;有时候熟悉,有时候陌生;看起来熟悉,实际上很陌生;更为严重的是,常常以熟悉遮蔽陌生,以陌生代替熟悉。

卢梭说,世界上有一门学问最重要又最不完备,这门学问就是关于人的学问。将这句话演绎一下:教育世界里有一门学问最重要又最不完备,这门学问就是关于儿童的学问。举一个例子。在一个视频里,主持人找了25个大人和25个小孩,问他们同一个问题:"如果能改变身体的一部分,你最想改变什么?"大人的回答是:"大家都喜欢高个子,我想变成高个子。""我的皮肤太差,我想换掉,我多么渴望有一身人人都梦想拥有的小麦色啊!"……孩子们是怎么回答的呢?一个胖胖的小女孩说:"我对自己的身体很满意,如果有条美人鱼尾巴更好。"一个黑人小男孩说:"想要一个鲨鱼嘴巴,这样可以多吃点。"一个在做游戏的小男孩说:"我希望自己像乌龟一样，全身长满厚厚的盔甲，这样就不怕子弹了。"同一个问题，大人和儿童的回答截然不同：孩子们要的是一个能让自己满意的自我，充满童心、童趣；而大人们要的是一个能让别人满意的自我。成人与儿童是两个不同的世界，有着不同的价值取向和喜好。

让陌生者变成熟悉者，要坚持"四个回到"。

回到"儿童"原来的意义上去。 在拉丁文中，儿童意味着自由。自由是儿童存在的本质和天性，自由也是儿童创造的保姆和田野。同时，儿童是天生的探究者。蒙台梭利说，儿童是上帝派来的密探。苏霍姆林斯基认定，在心性上，儿童是探究者；而探究的天性，产生对周围世界的惊异，因而儿童是哲学家。此外，儿童是天生的游戏者，游戏是儿童的又一天性，是儿童学习、工作、生活的方式。游戏里生长起的是游戏精神，游戏所产生的"心流"现象亦会让儿童进入创新状态。名师是善于回到儿童原来的意义上去的人，他们善于，才会从本义上、本质上去认识和发现儿童。

回到儿童完整的生活世界中去。 儿童的生活是整合的，互相融通，互相支撑。他们至少生活在三个世界中：现实的生活世界、理想世界、虚拟世界。这是儿童完整的生活世界。可是，我们过多地关注现实的生活世界，会无形中将儿童的生活世界割裂了，会导致儿童的生活单一、不完整。同时，三个生活世界的价值取向是不一样的，往往发生冲突，儿童常处在价值困惑中。真正认识与发展儿童，应关注他们整个世界，并进行价值澄清和引领。离开生活世界，便是离开了儿童；割裂了生活世界，便割裂了儿童发展的整体性；忽略了价值引领，便忽略了儿童价值意义的生长。

回到儿童的最伟大之处去。可能性是儿童的最伟大之处。可能性是生命创造的潜力，可能性是未来性，可能性具有多样性。真正认识和发现儿童，应当帮助儿童认识和发现自己发展的可能性，选择最适合自己发展的可能性，成为最好的自己。未来性"潜伏"在现实性中。

回到儿童的学习、工作、生活方式上去。游戏在哪里存在，儿童就在哪里成长；游戏在哪里结束，儿童的发展就在哪里止步；尊重游戏方式，就是尊重儿童的生命；维护游戏机会，就是维护儿童的权利；引导游戏活动，就是引领儿童成长；研究游戏的过程，就是研究儿童发展的规律。

第四辑
用挑战点燃创新之火

年轻意味着挑战，挑战是年轻品格的精神动力和标识。挑战导向创新，用挑战点燃创新之火。如果，从年轻时就能习惯于让肉体服从灵魂，那么，我们就是勇于挑战和创新的人。

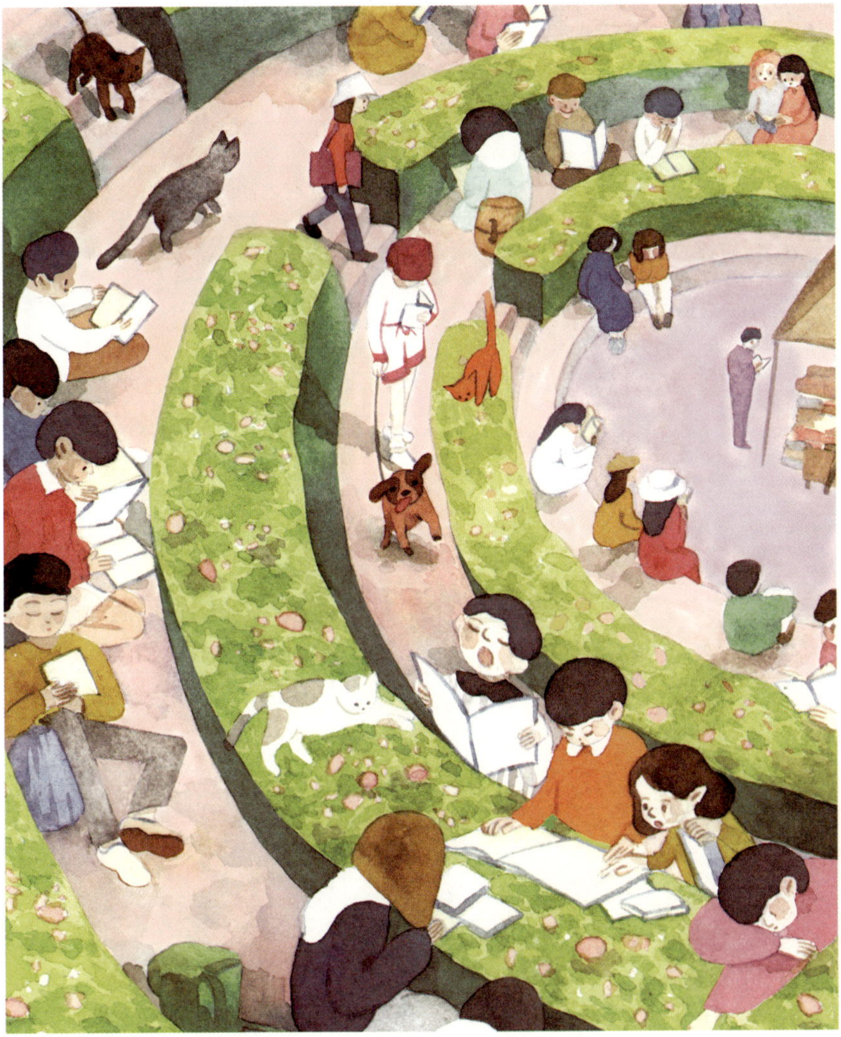

人的内心都有脆弱的地方和脆弱的时候，克服脆弱，年轻的品格才会坚实与坚定。

有人曾经说："一个人，永远有20岁时的脆弱。"20岁时的"脆弱"有可爱的地方。也许那种脆弱是年轻的品格的应有内涵，这样的青春才真实；也许，那种脆弱正是坚强的起点，从脆弱走向坚强正是成长；也许，那种脆弱不是脆弱，恰恰是年轻的表征，内蕴着无限的可能。

我还认为，年轻的品格并非完美无缺，有一点不足或缺陷，才会让年轻时的青涩更富棱角、更富创造性。

用挑战点燃创新之火

"百岁少年许渊冲",这是大家对翻译家、学者许渊冲的美誉。

"百岁之童,三岁之翁",这是用对比的方法讨论年龄年轻与心灵的关系。

还有不少关于年轻的论述。这些论述可以归结为一个主题:年轻的品格。年轻的品格是在年岁的长河中道出了青春的密钥,也道出了青春的文化界定。同时,告诉我们,永葆青春,正是年轻品格淘洗和涵育而成的。

年轻的品格绝非来自天赋。天赋只是给你一个年轻的基质,真正的年轻品格来自人生历练与风雨的淘洗。林肯的那句话说的正是这个道理:"一个人40岁以前的脸是父母决定的,40岁以后的脸却是自己决定的。"这儿的"脸"象征着人的面容和状态,以及整个形象。至于为什么是40岁,我以为这是一个概数,也许40岁正是人生的分水岭,更具挑战性。

"自己决定",指的是自己的努力、自己的历练以至一些磨炼。所谓品格养成,既可以是春风化雨,又应该在具有挑战性的情境中经受考验和锻造。虽算不上王国维在《人间词话》中说的"天以百凶成就一词人",但是,在年轻前行的道路上,你,要时刻准备迎接各种严峻的挑战。迎接挑战应当是年轻品格的精神内核——说是风骨也不为过。挑战,迎接挑战,让年轻的品格有了厚度、力度和韧性。

挑战,归根结底,最根本、最大的挑战是价值观的挑战。我们生活在一个多元的价值世界中,各种价值观包围着我们、裹挟着我们。价值观是回避不了的。每个人都在选择价值观,这是个价值澄清的过程,是辨别、取舍的过程。选择什么样的价值观,影响着人生的意义和格局,影响着甚至决定着你最终成为什么样的人,无疑也影响着并决定着年轻的品格。

我们所有的经历,总是渗透着价值的向往,也是价值观的伴随或推动。从某种角度看,这是一种价值经历,唯有价值经历,才会有真正的价值澄清与价值体认。首先是理想的挑战。何为价值?价值是理想中的事实,事实中总是透射着理想的光芒,讨论理想其实是为了在讨论理想中听从理想的召唤,不懈地去追求理想。担当民族复兴大任的时代新人,首要的是"有理想"。我们的理想源自建党的那红楼那红船,源自那延安窑洞的灯火,源自天安门那声庄严的宣告,源自中国式的现代化伟大宣言。有理想,凝聚在社会主义核心价值观上。有了核心价值观的践行、理想的光照,年轻的品格就有了灵魂,有了方向感,因而也就能在挑战中一直持续走在中华民族复兴的伟大征程中。

挑战主要来自我们的内心。人的内心是异常丰富又是十分复杂的,各种欲望在那儿跳跃，随时可以迸发出来。托尔斯泰说得十分深刻："只要你从年轻的时候就习惯于让肉体的人服从灵魂的人，你就会很轻易地克制自己的欲望；而习惯于克制自己欲望的人，在现实生活中就会轻松而快乐。"人总是有欲望，关键在于是否能克制欲望。以欲望为界，人可以分为两种：肉体的人和灵魂的人。让肉体的人服从灵魂的人，才能克制欲望，其关键期往往在"年轻的时候"。毋庸讳言，当下社会上流行着不少的病毒，物欲横流正是一种可怕的病毒，有灵魂的人才能冲破欲望的绑架。有灵魂的人，去主导年轻的品格吧！

说到欲望不能不说到名与利。人生活在世俗中，但人的超越性又让人摆脱世俗，正确对待名与利。英国诗人济慈说得好："名字是用水写的，写完就干了，干了也就没有了。"名字如此，利又何尝不是如此呢？名利观被欲望牵着走，人就会盲目、麻木地去追求，就会变得浮华浮夸起来，因而会陷入焦虑——当然，很有可能成为精致的利己主义者。用年轻的品格去冲破名利的迷乱，让年轻的品格在与名利的角逐中超脱出来，走向纯粹与美好。

人的内心也有脆弱的地方和脆弱的时候，克服脆弱，年轻的品格才会结实与坚定，才会更坚强地奔跑在赛道上，冲破障碍，勇立时代的潮头。但是有人曾经这么说："您一个人永远有 20 岁时的'脆弱'"。20 岁时的"脆弱"有可爱的地方。也许，那种脆弱是年轻品格的应有内涵，这样的青春才真实；也许，那种脆弱正是坚强的起点，从脆弱走向坚强正是成长；也许，那种脆弱不是脆弱，恰恰是年轻的表征，内蕴着无限的可能。我还认为，年轻的品格并非完美无缺，有一点不足或缺陷才会让年轻时的青涩更富棱角、更富创造性。啊，20岁时的"脆弱"是特有的青春美丽。

年轻的品格还应当有骨气，这样的骨气是由民族的志气与底气孕育出来的。在徐悲鸿去上海读书时，他的老师张祖芬手持送给他的《韩昌黎集》说道："你年轻聪敏，又刻苦努力，前途未可限量。我希望你记住一句话，'人不可有傲气，但不能无傲骨'。愿受鄙言，敬与君别。"年轻人，尤其是有才华的年轻人容易有傲气，缺少应有的谦虚，缺少对人应有的尊重。傲气要不得，它是落后的朋友，是进步的障碍。年轻人需要的是傲骨，需要民族的傲骨，坚持真理的傲骨，不向屈辱低头的傲骨，这样的傲骨正是中华民族的节气与脊梁。年轻的品格因为无傲气，所以进步；因为有傲骨，所以赢得尊严。我家楼下正是徐悲鸿故居，每当向它瞭望，每当经过时驻足凝视，徐悲鸿那种谦逊的美德与坚持人格独立、思想自由的风骨，让我沉思良久。

有则故事总让我感慨万千。1999年4月27日，96岁的贺绿汀永别中国音乐艺术。临终前，他对女儿说了最后一句话："我好像听见有人在唱《天涯歌女》。"当初创作这首歌是1937年，也就是说贺绿汀是34岁，正年轻。年轻的品格是美的。美的，因为是有民族精神与家国情怀的；美的，因为是有思想的，思想、情怀、精神滋养了他。在历史风雨的挑战中，年轻的品格才会生长起来。当离开人世时，年轻的品格会唱起人生的颂歌，让他升入幸福的天堂，带去年轻的品格。

创新的心灵点燃创新的火把

基础教育课程改革已走过 20 多个年头了，如今进入高质量发展阶段，要促进更高水平育人体系的构建。在这样的背景下，改革育人方式显得更为重要，也有更高的立意。可喜的是，不少学校已在更高层面上思考、探索，且有了许多令人眼睛一亮的创造，因为这些探索、创造充满着想象力。

在江苏南京一中，近来有两朵浪花让我们心动。一朵浪花的名字叫"史上最强课表"——"院士 1 课堂"，以科技创造为专题，开发出校本课程群，每周开设一节，三年共 100 节，由院士担任教师。首批任教院士就有 18 位，这些院士在数学、物理、化学、生物、航天、材料、人工智能等领域都卓有建树，"史上最强课表"项目启动的那天，就有 15 位院士亲自到场。一流科学家为高中学生亲自授课，并进行科研辅导，这一课表的确是最强的。另一朵浪花的名字叫"少年工程院"，工程院组成了最强的院士顾问团，并与国内 30 多所高校开展实质性合作，让科技发展的重要基石——工程在校园里坚如磐石，呼应联合国教科文组织 2021 年"工程——支持可持续发展"

高端前瞻的要求。这两朵浪花在合作中互相成就，育人方式改革在浪尖中被推向未来的彼岸。

也许有人会说，这些举措并没有普遍意义，不具推广性，我们拼不起也不必要去拼"院士"阵容；也许还会有人说，这些动作我们学校也有，并没有多少新意，也没有能看得见的切实效果，难以持续，很有可能只是一场"秀"。这些质疑不无道理，也不无根据。但是，我们要说，这样的浪花会在学生心灵里激荡、飞扬，而且演绎成一支支火把，点燃他们科技强国的梦想，并且越燃越旺。这是学校为育人方式改变作出的极有意义的探索。好几个月过去了，好多个星期过去了，这一切正在成为现实，其可持续性是值得相信并值得继续乐观期待的。

最强课表、最强导师团究竟意味着什么，又引起我们什么样的深度思考呢？

习近平总书记反复强调要培养学生的爱国情怀、社会责任感、创新精神、实践能力，要立大志、明大德、成大才、担大任，成为胸怀"国之大者"，成为可堪大用者。这是时代的呼唤，是中华民族伟大复兴的必然命题。这一神圣命题当然也应从基础教育做起。基础教育，教育的基础，人生的起步，民族的奠基工程。因此，这一命题引起我们对"基础"的重新认识，进而构建起新的基础观，其核心是对少年儿童可能性的再认识与再发现。我们会永远记住16岁时的爱因斯坦，那天，他想象自己骑在一束光上面，从这个特定的位置看，光线像一个被冻结的波浪。正是这个想象引发他未来诸多的思想实验，重新构想宇宙，诞生狭义相对论。高中学生，正是16岁的好年华，我们究竟应给他们什么样的基础？让想象力、创新精神进入"基础"吧，这是一支火把，将会照亮中国未来的天空。

这一新的基础观，让我们重新掂量基础教育的分量。基础教育在整个教育体系中，作用可能是小的，但是却又很大很大。法国微生物学家路易·巴斯德说："无限小的作用是无限大。"千万别小看极小之事、极细之功。基础教育之大，大就大在让每一个学生都得到最优发展，大就大在为中华民族复兴奠基。在一小一大的张力中，让我们看到了未来。钱穆先生在《历史的精神》中说："要能过去透达到现在，才始是有生命的过去。要能现在透达到将来，才算是有生命的现在。""有生命"的学生，才能透达到民族复兴的明天。最强课表、最强导师团，让我们踮高了脚，眺望未来、眺望世界。这是基础教育的根本之"大"。

当下的学生喜欢追星，这并不奇怪，但追什么样的星，却是个值得深思的问题，因为这里有重要的价值澄清与选择问题。当院士们走在校园里，出现在课堂上的时候，那些"饭圈文化"所推崇的"星"可能就会黯然失色，进入孩子们心灵的将是为国家和民族贡献聪明才智的科学家们、时代英雄们，还有那些平凡却伟大的劳动者们……这一切，都将理想信念变得那么现实，"请党放心，强国有我"的铿锵誓言将转为一个个行动。因为那支火把已点燃了他们的心灵。

从"优秀的绵羊"到"勇敢的探索者"

"做个好学生",几乎是所有教师和家长对孩子共同的要求和积极期待,也是所有孩子共同的美好心愿和努力目标。从教育的本义和任务看,"做个好学生"也是教育的初心和承担的任务,如果,大家都是好学生,教育也就成功了。

"做个好学生"不仅是教师、家长和孩子们的日常用语,也是个学术话语。2008年,威廉·德雷谢维奇这位耶鲁大学、哥伦比亚大学教授,专门做了个"做个好学生"的报告,而且写了本书《优秀的绵羊》。当然,他的主旨是通过"做个好学生"的讨论,对精英教育系统进行无情和系统的批判。他把这一精英教育系统简称为"一个强迫你选择是学习还是成功的系统"。值得注意的是,他明确地说:"虽然我经常批判那些挤到重点学校的孩子们,但我真正批判的是,强迫孩子们这么做的大人。"显然,他把做个好学生和精英学校培养精英学生联系起来,而把这样的好学生称作"优秀的绵羊"。

关于精英教育我们暂时不讨论，精英教育和精英主义教育到底有没有区别，究竟该怎么对待精英教育，有待以后再展开。倒是"优秀的绵羊"引起我们关注和深思，尤其是强迫成功的教育值得探讨，进而对"好学生"教育应有进一步的扩展性的讨论。

在我们的理念系统里，提出"优秀的绵羊"是对学生发展中问题的一种温柔的反对与批评。绵羊，自有它的特点：温顺、听话、乖巧、努力，学习成绩优秀。对这样的学生教师还是喜欢的，家长也是满意的。但是，这名称中除了赞誉外，还充溢着不认同、不满意。绵羊虽优秀，但他们缺少胆量，在挑战前没有足够的勇气；不够坚强，在困难面前没有勇往直前的精神和意志；懂得要做一个好学生，但不懂得如何思考、如何探究、如何创想、如何突破。威廉教授用这一比喻对"优秀的绵羊"进行了无情的抨击：这些学生"在跑步机上循环，突然有一天感受到危机骤然降临，如美梦初醒一般，对自己之前所有的努力付出到底有了什么而感到惶恐"，因此他们手足无措，好比是温顺的绵羊。绵羊虽然可爱，但并非是真正的优秀。培养"优秀的绵羊"原因是什么？其中也有一个比喻："直升机式的父母"——"他们盘旋在半空，时不时地施加压力，时不时地批评"。生动而深刻的比喻，体现了他批判的对象是"强迫孩子们这么做的大人"，其中当然包括了学校和教师，说到底是教育系统。

当然，他主要针对美国教育，但以此观照中国教育，中国教育有着诸多的相似性；他是针对大学教育的，但回过头看看，中小学生中"优秀的绵羊"似乎更多更普遍；他是针对精英主义进行批评的，但对整个基础性教育有着极为重要的启发。对此，我们要深刻反思。因为反思是构建精神生活的关键，是构造真正教育的起步。在反思的基础上，我们能不能提出一个重要命题："培养新时代好学生要从'优秀的绵羊'到'勇敢的探索者'"。我以为，这意味教育教学改革的重大转型，我们要在教育改革新征程上开辟新领域、新赛道。

"从'优秀的绵羊'到'勇敢的探索者'"，这一命题的本质是人才培养问题，是提高人才培养的质量问题，核心是培养拔尖创新人才问题。这一命题涉及教育观、质量观、评价观，而核心是人才观。教育观、质量观、评价观都要植根于人才观，因为培养人才是教育的根本任务与目的，人才成长是质量的根本尺度，也是高质量的标志，人才成长当然也是评价的主要对象和核心价值追求。因此，这一命题可以开发教育教学改革的新动能，力求有新突破和超越，是落实人才强国战略的基础性支撑。

虽如此，有个问题我们还必须明确：人才培养质量的提高，为什么要以培养勇敢的探索者为重点呢？这的确需要我们深入思考、认真厘清。"勇敢的探索者"，何为探索？探索，其基本内涵是探究、体验、发现、创造。这些元素虽是学生发展核心素养的组成部分，却具有独特价值和非同一般的意义。这一命题具有时代性。中华民族伟大复兴需要创新驱动，而创新驱动实质是人才驱动。新时代需要有"爱国情怀、社会责任感、创新精神、实践能力"的人，"勇敢的探索者"集中体现了时代新人的核心品质。"勇敢的探索者"是走向未来、开创未来的人,"勇敢的探索"正是他们手中的一把金钥匙。这一命题具有典型性。中华民族是勇敢的民族、智慧的民族,开拓、创新是中华民族的核心品质。但是不可忽视的是,这一核心品质受到了陈旧、落后文化的干扰、应试教育的伤害,受到过度的规范、日趋严重的强迫以及越来越剧烈的内卷,"小绵羊"成了教育追求的目标,成了培养优秀人才的严重阻碍,而"勇敢的探索者"正是新时代好学生、担当民族复兴大任时代新人的典型形象,也成为一种标志和召唤。这一命题具有强烈而鲜明的针对性。毋庸讳言,缺少探究精神、创新能力是当下教育人才培养的一块"短板",一直横亘在创新之路上,不突破,不冲破,"优秀的绵羊"不转变,我们将有愧于伟大的民族、复兴的使命和美好的未来。这一命题具有未来性。未来是创造出来的,未来的不确定性也是在探索、创造中明晰、明朗起来的,那种脆弱性也因为探索与创造而转化为坚定与坚强。在变局中,究竟成为一个什么样的局,究竟怎么才能开新局,让中国特色社会主义大业后继有人等,都可能在"中国梦"的召唤下,通过探索、创造来实现。以小见大,这一命题应该是重大的。

"勇敢的探索者"与"优秀的绵羊"有着本质的不同,如果用几个词来概括,那么以下几个关键词勾勒了"勇敢的探索者"的典型品格:求知欲、好奇心、想象力、探索精神、发现问题研究问题解决问题的能力……他们可能有点"胡思乱想",但是这样的"胡思乱想"恰恰内蕴着奇思妙想,带来创意和创造。吕型伟先生曾经向请教他如何办好教育刊物的人说:"人云亦云我不云，老生常谈我不谈。"也许有人会批评：是不是绝对了？过头了？我想，往往在有点"过头"中诞生了新的创造。他们可能会有点不守规则，甚至会有点"乱来"，但是恰恰是这样的冲撞以至破坏，带来了新的想象。也许这正是席勒所说的"游戏冲动"，而具有审美性的"游戏冲动"具有意想不到的创造力。此外，不管探索最终有没有什么新的东西生成，探索过程的本身是极有价值的，他们可能犯错，但是教育的包容，会从他们的犯错中有闪光的发现。课堂，甚至是校园是可以犯错的地方，缺点可以转化为优点，错误可以带来生成……所以，从"优秀的绵羊"到"勇敢的探索者"，看起来是培养对象的转变，说到底是教育者、教育系统的改变。记住，千万不要做"直升机式的家长""直升机式的教师"；记住，要让"勇敢的探索者"走到学校的中心来。

平均的终结：拔尖创新人才培养的开启

培养拔尖创新人才是一个建构的过程，也是一个解构的过程。解构是为了建构，否则解构便缺失了价值追求，成为一个无意义的存在。建构需要解构，解构让建构更有针对性，甚至更有突破性和彻底性。所以，培养拔尖创新人才需要破除"一元思维"，走向建构的整体，形成人才培养的系统。

重视解构，往深处讲是在寻找、破除拔尖创新人才培养或成长中的阻抗因素。一个不可回避的问题摆在我们面前：着力培养拔尖创新人才，这么多年，我们也重视，也努力，但为什么收效仍然甚微，或者说至今还没有什么重大突破呢？其中一个重要原因正是对阻抗因素重视不够、找寻不准、研究不深、破解不力。阻抗因素总是以传统的惯性又以现代改变的方式横亘在人才培养的路上，成为一个"梗"。我们该怎么办？问题挺严峻。

说到"梗"，主要是思想观念的陈旧、落后与顽固。解构的重点在于下大功夫转变陈旧观念，打开思维的闸门，冲破思想的牢笼，换一种方式，用多种角度、多元思维来研究、解决问题，进而走向明亮的另一方。

最近读到一个故事，非虚构的。20世纪40年代末，美国空军遇到一个非常严重的问题：飞行员无法控制他们的飞机，最糟糕的时候，一天之内就有17名飞行员遭遇坠机事故。原因出在何处？他们唯一确信的是，驾驶员的驾驶技术不是造成事故的真正原因。军官们把注意力转到驾驶舱的设计上。当时驾驶舱内座椅的大小和形状、踏板和操纵杆的距离、挡风玻璃的高度，甚至头盔的形状，都是根据驾驶员的标准尺寸制造出来的。于是，军事工程师们开始猜想，是不是因为现在的飞行员个头发生了变化，原来的设计不适用了？于是，他们重新测量驾驶员，并计算了各种数据的平均值。所有人都相信掌握飞行员的平均尺寸会有助于设计出更合适的飞机驾驶舱。然而一位刚入职的23岁科研人员却对此表示怀疑，他对平均概念是有自己想法的。他的名字叫丹尼尔。令人惊讶的是，丹尼尔集合了所有数据并算出了平均值。他一直思索：到底有多少飞行员的尺寸真的与平均值一致呢？在他处理数据之前，美国空军研究人员，包括他的同事，一致认为大多数飞行员的多数尺寸都应在平均尺寸以内，但统计出的最终数据，连他自己都惊呆了，因为结果是零，平均化的值与任何一个个体都不相似。他的发现很清楚地表明，根本就没有标准飞行员，如果为标准飞行员设计驾驶舱，那么这个驾驶舱就不会适用于任何人。因此，他坚信，"标准人"这个概念其实是个陷阱，很多人都因此犯了错。他建议环境必须适应个体，而不是让环境去适应平均标准。当然，后来他们改变了做法，发明了可调节的座椅，开发了可调节的头盔和飞行服，于是美国空军开创了这个星球上空军飞行的新时代。

这个真实的故事被美国托德·罗斯教授用在一本书里，并作为缘起，展开了深入的讨论。这本书的名字叫《平均的终结》，还有一个副标题"如何在崇尚标准化的世界中胜出"。他说正因为此，"谷歌学会了辨别顶尖人才，打造了超强团队"；也正因为此，"微软告别了失落的十年，风云再起"。作者的观点非常鲜明、坚定：以平均值为基础的标准评价体系是错误的，因为追求平均值导致了"标准化"，而"标准化"绑架了我们的思维和行动，导致我们每天重复做同一件事，将自己打造成了符合标准的人。因为人就是人，是具有个性的人，是有差异的人，"人不是工业品"。因此，培养拔尖创新人才应该理解人而不是"统计人"。他还指出，"我们已经进入了'不规则人才'的时代"。用译者的话来说："泰勒制那个年代的时代主题是'生产'，而我们今天的时代主题是'创新。'"总之，我们要建立人才指导原则：个体适用原则；我们要建立"个体科学"解决方案。

不少人说，读了这本书，心灵受到强烈震撼，思维受到猛烈冲击，对于"个体科学"解决方案感到振奋。我也是这样的感受。首先，我们曾经盲目相信几乎所有的"既成"结论，包括"平均值""平均数"。如果我们不对"既成"结论加以时代的审思，创新的视野很有可能被遮蔽。用学术话语来说，现在该是"祛魅"的时候了。这里也牵涉到另一个问题，即回到常识。回到常识没有错，但是它真的是常识吗？即使是常识，它还需要与时俱进，加以改造或改组吗？其次，我们还是要透过现象看本质，对于教育的同质化还是审慎的，持反对态度；但是，同质化究竟怎么造成的，我们并未深究，更没有从人的本质来反思与提升。所谓同质化，其根本原因是将人标准化，用标准来"统计人"，来认识人，显然有悖于人性。因此，教育的一切问题都要回溯人的本身。由此，"平均"应该终结，这样，我们中国的教育、中国的人才培养才能在崇尚标准化的世界中胜出。我们不难有第三点体会，也是最根本的一点：培养拔尖创新人才必须破除用"平均值"来规范人、衡量人、发展人的陈旧观念。所谓"拔尖"，就是要从崇尚平均值的窠臼中跳脱出来，"拔尖"首先让先进的、前瞻的理念"冒尖"，理念"冒尖"才能最终让人才"冒尖"。针对这一隐蔽多少年、一直顽固控制、阻碍人才培养的阻抗因素，我们应当批判之、彻底抛弃之。

当然，在人才培养中应该让平均终结，但是，有些问题还是需要深入厘清，否则可能走向偏颇，以至走向极端。需要厘清的第一个问题：抛弃平均值是否忽略或影响了人的全面发展？回答是否定的。全面发展是指学生德智体美劳全面发展，全面发展是和谐的、健康的。平均的旨意不是在全面发展上，而是求得所谓的平均水平，以平均水平作为标尺衡量人，这显然影响并阻碍了学生生动活泼的发展。此二者不可同日而语。需要厘清的第二个问题：如何对待课程标准中规定的目标及学业质量标准？是的，我们坚持依标教学，努力达到学业标准，提高教学质量。这里有两点值得注意：一是课标规定的标准是基本要求，是基于共同素养追求的，绝不是

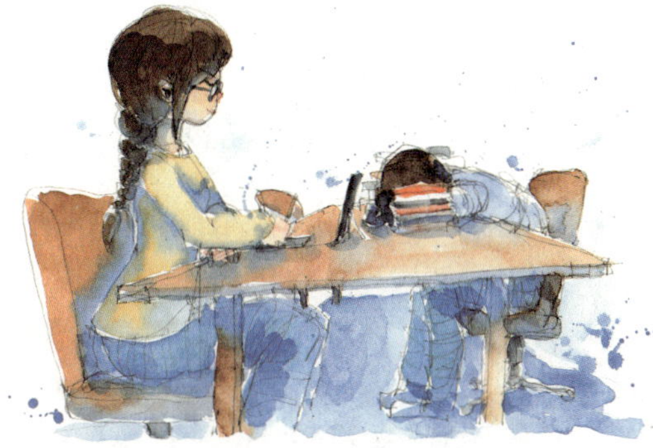

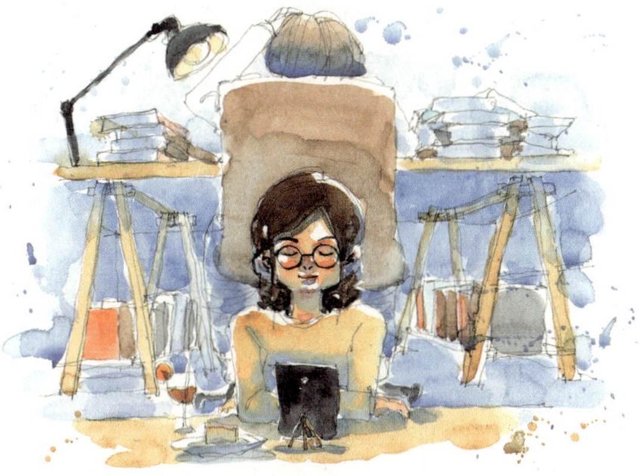

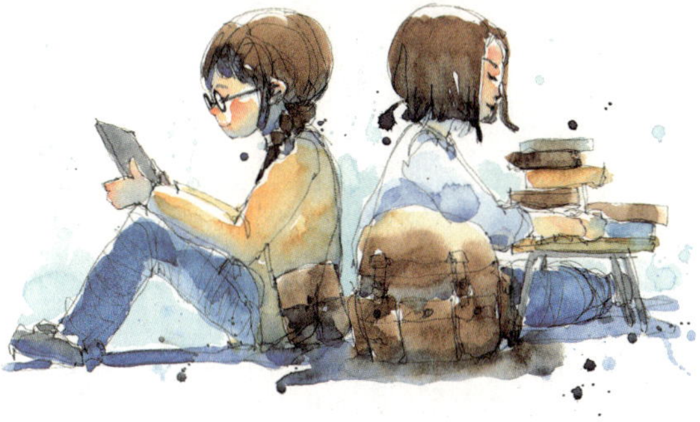

"勇敢的探索者"与"优秀的绵羊"有着本质的不同,如果用几个词来概括,那么以下几个关键词勾勒了"勇敢的探索者"的典型品质:求知欲、好奇心、想象力、探索精神、发现问题研究问题解决问题的能力……他们可能有点"胡思乱想",但是这样的"胡思乱想"恰恰内蕴着奇思妙想,带来创意和创造。

平均数。二是依标教学恰恰是在达到共同的基本要求的同时，要鼓励学生冲出去，在更大的时空里飞翔，这就是所谓的最优发展和拔尖人才培养。需要厘清的第三个问题：平均的终结，其实是让我们建立多元思维模式，构建个体发展的指导方案。因此，坚持探索更高水平的因材施教是我们在终结后开启的新赛道，为此，我们孜孜以求。平均的终结，是拔尖创新人才培养的开端。

失败是创新的一部分

创新精神是人类特有的最为宝贵的精神特质，人类的诞生本身就是生命创造的结果。

奥地利经济学家熊彼特曾对创新概念做过学理分析，指出创新是生产要素和生产条件进行的一种从未有过的"新组合"。在新组合的过程中，各种要素会发生猛烈的冲撞，在相互激荡中相融，形成了新组合，实现创新。当然也会发生一些意想不到的问题，比如错误，比如失败。因此，错误或失败原本就是创新的一部分，错误并非是创新的失败，失败恰恰是创新的先导。这绝不意味所有创新都要通过失败去实现，但是，从失败切入，很可能是创新的开始。这也启发我们，所有创想不仅要从成功中总结经验，从失败中吸取教训、加以改进、进行组合也是一种创新之道。同时，我们不能一味地反对失败，假若把失败当作创新的资源，这本身就意味着一种创新，也意味着失败的价值所在。

这样的事例还有很多。我们可以先看看企业家们的创业。2009年，一个叫卡斯·菲利普斯的人决定创业。她经过一番市场调研，发现创业失败的概率很高，于是运用逆向思维，创办了一次"失败大会"。"失败大会"的主题就是说出自己创业失败的故事。首届会议吸引了 400 名参与者，他们大多是来自硅谷的互联网企业创业者，他们分享了自己失败的故事。之后每年，菲利普斯都会组织这样的"失败大会"，微软、亚马逊等公司纷纷提供赞助，一些知名企业的创始人也乐于加入，分享自己失败的教训。

这一故事说明什么？其一，正如故事里所说的，这是一种逆向思维。思维是学习的核心，思维能力是创新的核心。逆向思维改变了思维的方向和方式，显现出不同一般的想象力，显现了思维的创新。这样的思维是从一种现象的剖析中诞生的：世上的成功大多相似，而失败却各有各的原因，多一次失败意味着多一份经验。其二，这是一种文化的力量。恩格斯早就指出，文化上的每一次进步，都让我们迈向自由境界。自由境界是创造境界。因此，不妨把正确对待失败看作是一种文化，而把从失败中走向成功看作是文化上的进步，其进步性在于以积极的态度推动事物的转化。其三，这是一种勇气和胆量。创新不仅需要有强大的能力，还需要精神品格，需要创造性人格。方向、品格、胆量、方式、文化，促使失败开启了成功大门。

再看看教育。每年 10 月 13 日，是芬兰的"国际失败日"。芬兰文化官员表示，这个节日是要向人们重申，失败是创新的一部分，它不应该是消极的。"国际失败日"有几项活动特别引人注目。一是孩子从四五岁起学习滑雪。他们的第一课是滑雪课：练习跌倒。老师会亲自示范，整个人跌倒在雪地上，然后再一点一点地爬起。接着一声令下，十几个孩子跌倒再爬起，跌倒再爬起。二是一些城市的孩子要在上学前班时完成"自我评定表"。一张图上，画着一列火车，每个车厢代表一种能力，孩子做得到哪一项，就把那节车厢涂成红色。其中有两项："我会帮助别人""我懂得如何赢"。三是上了小学高年级后，给学生创造更多失败的机会。比如木工课上，孩子常常要挑战类似制作航天火箭这样的高难度课题，必须由学生自己一手完成，就算失败多次，教师也不会插手。（资料来自《演讲与口才·学生读本》，作者徐爱清）

　　正如故事题目，这是"晒失败"的教育。这究竟出于什么考虑？故事最后有一段话："当这个世界越来越迷恋于成功学，适时地让孩子主动品尝点'小失败'，才能鼓励他们走出舒适区，积极试错，从而收获更多的可能性。"有人称"成功学"是孩子和年轻人的一粒毒药，不是没有道理的。所谓"成功学"，排挤了学习、发展中必然遇到的困难，忽略了挫折、失败的经历及其体验的价值与意义，让学生畏惧困难，经不起挫折，在失败面前爬不起来。这样的教育是不完整的，让孩子的成长缺失了顽强的意志、拼搏的精神、积极的心态。显然，这样的孩子不能大胆去创想，也不能勇敢地在挑战中走向创造和创想。

　　说到芬兰的"晒失败"的教育，自然想起中国的教育。我们也有类似的改革以及创造的经验。比如40多年前，特级教师邱学华所创造的"尝试教育"。"尝试教育"鼓励学生有勇气去尝试，指导他们从错误中发现原因，寻找改进的方法，提升自主学习的能力。学会学习，需要学会尝试、学会正确对待错误、挫折和失败。"尝试教育"是中国式的"失败教育"，但其内涵又比"失败教育"丰富得多、完整得多了。比如特级教师华应龙在数学教学中坚持了"化错教育"，充分开发了融错、化错的价值，走向中国传统文化中的"化一"教育，研究不断深入，实践持续创新。"化错教育"从名称上看，没有止于错误与失败，而在于"化"——化解、转化；起于"错"，着力于"化"，归于"道"，走向创新创造。看来，中外教育改革，在创新导向下，是相通的、相融的。

失败的故事中还有一个概念："有效失败"。我的理解是，不怕失败，但也不是去追求失败；不放弃失败，不止于失败，从失败中提取经验和思考，获取新的领悟，生成新的思路。总之，"有效失败"指的是失败不是目的，强调"失败教育"应该是以成长为导向的，以创新素养培养为本的。我们在讨论拔尖创新人才的早期培养时，请将"有效失败"当作一种理念与一种路径吧。

关键在问:"听"出鼓的形状与面积

数学史上曾经有个十分有趣的问题:"我们可否听出鼓的形状?"好奇怪,鼓的形状、大小是测量出来的,怎么"听"得出来呢?

这是数学家丘成桐先生在一次学术报告中说到的。他说,这一问题就是思想。这一问题的思想可以追溯至1910年。当时,量子力学刚萌芽,物理学家洛伦兹提出:是否可以通过鼓声的谱和频率估算出鼓的面积?大数学家希尔伯特对这个有趣的问题很感兴趣,但认为它太难,有生之年不可能看到它的解决。没有想到的是,一年以后,希尔伯特的学生外尔竟然把问题解决了。外尔认为,谱越来越高,按照量子力学的观念,即谱的观念,可以推测到局部的几何变化,从而推导出面积来。这叫"外尔方程"。后来经过深入研究和多次推广,"听鼓声估算面积"这一问题最终圆满解决了。于是,有趣的问题引导了一场深刻的研究。

在讲完这故事之后,丘成桐对问题进行了归纳:什么是好问题?他认为,"总的来说,一个好的数学问题,要有深度、简洁、漂亮、有趣"。四个关键词特别准，这本身就是个"漂亮"的概括，因为它有深度、简洁，而且那么有趣。

在演讲中，丘成桐还举出了两个在数学历史上有重要影响的"好问题"的故事。一个是前面提及的大数学家希尔伯特。希尔伯特曾提出23个问题，被称为"希尔伯特23问"。这是数学历史上一个非常重要的问题集。正是这23个问题，基本上引领了数学界后来50年的发展。另一个是丘成桐自己曾经提出的非常重要的问题。那是1978年，他在普林斯顿高等研究院组织的几何特别年会上，带领一批数学家、几何学家研究几何方面主要的方向。会议最后几周，应大家的要求，他提出了120个几何方面最重要的问题。丘成桐真诚地说，"虽然我提出的问题无法跟'希尔伯特23'问相提并论，但还是很有意义的"，因为，"这些问题对当时几何研究遇到的困难主要在什么地方进行思考，指出了学科向前走的方向"，也指出了"解决后会产生的重要结果和影响"。

这些都是好问题。提出好问题，首先是提出问题，即对问题的价值意义究竟怎么认识。丘成桐用了一句话，做了深度概括，相当漂亮："一流人才，始自学'问'"。他的意思非常明确：培养一流人才，需要让他们有学问；学问学问既有学又有问，而问比学更重要。他引用孔子的话说："学而不思则罔，思而不学则殆。"思，就是思考，思考其实是在不断地问自己；是要提出问题，用问来"引"出学，问是学的方式，是学的核心，没有问便不会发生学，也便没有所谓的学问。不仅如此，学习还要学会问，问是人的天性，也是后天学习的过程，学会学习一定包括学"问"。这恰恰是一流人才成长的重要生长点，也可能是突破点，将学习落脚在"问"上意义非同一般。这就为提高人才培养质量、为培养拔尖创新人才，尤其是拔尖创新人才的早期培养，给出了一个极为重要且关键性的建议。这是个好办法。

从反思的角度看，长期以来，中小学教育在培养人才上，在提高人才培养质量上，存在一个突出问题，那就是学生缺少问题意识和提出问题的能力，这一缺失透射出或影响了其他能力的发展。比如求知欲。所谓求知，就是要通过问题去探索新知、探索新领域。比如想象力，依我看，提出好问题其实是对未知、未来的一种想象，想象是创造的先导。比如好奇心，缺失好奇心，必然对世界、对学科缺少陌生感、新鲜感，缺少学习的兴趣，必然缺失学习、探究、创新的动力。这些都是教育中、学生发展中存在的问题。西方政客"卡"中国的脖子，是"卡"在核心技术、创造创新能力上，而这些无不与学"问"存在高度的关联。因此，我们是不是应当有一种警醒：我们的教育可不能"卡"学生创造性成长的脖子！

丘成桐所讲述的故事，不仅教导我们要帮助学生提出问题，还要提出好问题。提出好问题的过程就是持续、深入思考问题的过程。好问题诞生在深度学习中，源自丰富多彩的生活，也来自教师的启发、引导。事实也证明，好问题与学生学习经历的丰富，和他们的视野，和他们所追求的格局都是紧密联系在一起的。所以，我们不能就问题谈问题，而是要让学生们在真实、丰富、复杂的情境中探究、体验，为好问题的提出营造一片肥沃的土壤，这样才能长出好问题的萌芽。

希尔伯特23问，丘成桐几何120问，其中一些问题涉及思想实验。思想来自问，问题就是思想；思想实验，关键在于思考、想象、大胆提出假设，也就是关键在于问。有一种教学方法叫焦点讨论法，研究者的结论就是四个字：关键在问。我想几乎所有的教学方法关键都在问。

关键在问，我们永远记住。于是，我们终于"听"出了鼓的形状和面积。

"量子纠缠"的联想

2022年诺贝尔物理学奖公布，三位科学家获奖，意在表彰他们在"纠缠光子实验、验证违反贝尔不等式和开创量子信息科学"方面所作出的贡献。其中一位获奖科学家叫安东·蔡林格，是南京大学物理学院马小松教授读博士和博士后期间的导师。这一信息让我们尤为关注和兴奋。

科学家们说，在了解今年的诺奖成就"量子信息"之前，必须先理解两个概念——"量子"和"量子纠缠"。所谓量子，是指一个物理量存在的最小的不可分割单元，量子的传播是不连续的，是一份一份的。所谓量子纠缠，是量子力学描述的现象，即两个处于"纠缠态"的粒子A和B，无论它们间隔的空间和时间有多远，永远能产生关联。对此，专家做了一个通俗的解释：在浩瀚的宇宙中，有一种现象似乎颠覆了自然法则，即如果把两个粒子放到一起配对后，再把它们分开，将其中一个放在地球上的实验室，另一个放在宇宙空间，那么即使它们距离数百光年，也能产生关联；如果将地球上的这个粒子向左旋转，那么宇宙空间的另一个粒子会同时向右旋转，不受时空距离的限制。这就是神奇的量子纠缠现象。

看完对这一消息的描述和解释后，我收到一位老师的微信："成老师，您曾关注的量子纠缠获诺奖了，您有眼光啊！"我突然想起八个多月前，自己曾经和这位老师以及他的孩子在微信上有过一段讨论。他的孩子现在就读于北京大学物理学院，当时他跟我说，物理学上有个概念叫量子纠缠。我立即回复："课程改革中提出的课程综合，包括学科与学科、学科与生活的关联，就像物理学上的量子纠缠。量子纠缠这一概念特别形象生动，用它来描述课程世界中的关联现象似乎是恰当的，我们不妨将它迁移到课改中。"这个孩子说："这种迁移是好的，量子纠缠的理论很深，如果能深刻理解，那么课改对其的借用也会更深刻。"我当然同意。后来在写一篇有关课程改革的文章时还用上这一概念：课程综合是课程改革的重要走向，加强综合、注重关联，编织课程的综合地带，促进学生的思维发展，犹如物理学上的量子纠缠。

我写出这段美好的回忆，绝对没有宣扬自己有先见之明的意思，也不是想证明自己对物理学前沿知识、理论的理解有多深刻；而是感到知识的神奇，感到课程改革背后或深处总会有一种理论在默默关注着，在以隐蔽的方式支撑着。也许，现在我们还不知道这种理论是什么，但终有一天它会突然冒出来，像是一道光照亮教育的天空。改革就是这么神奇，这般美好。

回忆不是目的，回忆后有持续的深思才会有更大收获。于是，我又延续了八个多月前的讨论——自己和自己对话，对话的结果使我有了新的想法。这些想法让我的心智丰满起来，情绪沸腾起来，思想也激荡和飞扬起来。

比如我们应该进一步加深对世界的认识。世界是一个整体，各种事物之间不是分割的，更不是对立的。如果将世界视作一个完整的图谱，那么就会发现各种事物之间相互关联着的那些个点，它们串联在一起，像是一串串闪亮的项链戴在宇宙的脖子上，那是"纠缠"的神奇。

比如我们应该进一步加深对学生的认识。学生是一个完整的有机体，教育绝不应该通过学科划分去肢解他们，相反应该尊重他们，维护他们生活的完整性。即使学科会在他们的生命中留下某些个点，也要将这些点联结起来，让他们发生"纠缠"，在"纠缠"中生命才会有更强的活力。

比如我们对陌生的知识和事物不要远离，不要畏惧，而要保持一颗好奇心，通过各种方式去亲近和关注它们，这样一定会带给我们一些崭新的启发。只有这样，我们才会接受新知识、新理论、新思想，自觉不自觉地走进一个新的世界，迈上一座新的山峰。好奇、敏感会让我们在"纠缠"中变得更加美好。

比如知识是可以迁移的。我们不要忽略知识的迁移价值，不要仅停留于对知识表层的认识，而要深入内部、准确把握、大胆运用，这样就会诞生新的知识。同样，德智体美劳具有各自的独特育人价值，各育之间是可以迁移的；在五育并举的同时推进五育融合，形成育人合力，似乎也可以用量子纠缠的原理来解释。

我还想到，课程改革不要生造概念，但可以让概念自然诞生，这样或许会推动改革走向深入。就比如量子纠缠这一概念，不是开创了量子信息这一学科吗？

如上这些思考，使我的思维开始了新的"纠缠"……

"第一"撬动创新人才培养

"培养拔尖创新人才",是个极有思想张力的开放性话题。讨论这一话题,倘若不开放胸怀,不各抒己见,而囿于某种规定、某种程式,那么,可以肯定,这一话题从一开始就不可能有什么"创新""拔尖"可言,甚至可能就"死定了"。我的意思是,让我们解放思想、敞开心扉,让"培养拔尖创新人才"这个探索迈开开放的步伐。于是,我用"第一"来参与讨论,表明我的观点。

"第一"在日常生活和学术研究中使用得还是比较多的。亚里士多德说,能提供基本概念、基本规律的哲学是"第一哲学";哲学家俞吾金说,永远追求真理,是人生的"第一动机";习近平总书记更是明确地指出,创新是改革与发展的"第一动力";等等。"第一"实质上是在价值排序中位于序列之首的那个价值,"第一"言其在先性和前提性,也言其永恒性和紧迫性。基于这样的认识,我们应该深入思考:教育教学改革中有哪些"第一"值得关注?哪些"第一"有利于拔尖创新人才的培养?关注"第一",就是捕捉核心价值与问题关键。

一 | 教育教学改革的"第一目标"：
培养学生的创新精神和实践能力

教育教学改革的根本任务是立德树人，这是毋庸置疑的。在这个前提下，我深以为，培养学生的创新精神与实践能力应是"第一目标"。讨论这"第一目标"的确定，重要的视角是对历史的回顾与回应。我们永远忘不了"李约瑟之问"，它的形成有一个耐人寻味的过程，这一过程生动体现了培养拔尖创新人才的战略意义。1937 年夏天，李约瑟身边来了一位中国学生叫鲁桂珍。随着对这位中国学生了解的深入，李约瑟有了一个心灵追问："为什么现代科学只在欧洲文明中发展，而未在中国文明中成长？"这只是"李约瑟之问"的一半。另一半则是，随着对中国社会了解的不断加深，李约瑟产生了另一个问题："为什么在公元前 1 世纪到公元前 13 世纪期间，中国文明在获取自然知识并将其应用于人的实际需要方面，要比西方文明有效？"直到 1943 年，"李约瑟之问"才最终完整："为什么中国有经验科学的技术发明，却没有产生近代理论科学？"原来，"李约瑟之问"是逐步深入、完整起来的。这从一个侧面表明了一个道理：拔尖创新人才应当具备特有的精神与品质——不断追问、步步深入。所以，李约瑟已涉及中国文化问题。他认为，中国人的思想哲学传统，较之基督徒的世界观，与近代科学更为合拍。遗憾的是，17 世纪欧几里得的《几何原本》被译成中文后，一直在皇家图书馆被束之高阁。

李约瑟这位外国科学家对中国是友好的、是诚恳的，但问题也是尖锐的、发人深省的。"李约瑟之问"至少提醒我们关注三个问题。

其一，中国古老的文明有着辉煌的历史，曾经在科技中"要比西方文明有效"，因此，我们必须有文化自信；

其二，由于后来的闭关锁国，中国人极度缺乏对世界的了解，以致中国的文化科技日渐落后，这说明开放并瞭望世界多么重要；

其三，中国文化注重经验科学，而近代理论科学没有得到长足的发展，这促使我们应有文化沉思，要从感性经验走向理论生成，将感性直觉与理性概括结合起来。

若干年前，我们又有了"钱学森之问"——来自自己国家的科学家之问，更直指拔尖创新人才培养，更冲撞我们的心灵。每个中国教育人都应该有自己的心灵的追问，如此，才能给历史与时代一个交代。

新时代对历史的追问，我们已经有了答案，对时代与未来的召唤也已有了回应。习近平总书记对培养拔尖创新人才有非常鲜明而坚定的指示，他在教育文化卫生体育领域专家代表座谈会上指出要"培养学生爱国情怀、社会责任感、创新精神、实践能力"。我深以为，习近平总书记讲话的核心要义是培养学生的创新精神、实践能力，只有这样，我们才能破解西方政客"卡中国人脖子"的问题。习近平总书记还说，在这方面，"我们步子还要再大一点。步子大一点也是胆子大一点"。当然，习近平总书记指出，培养拔尖创新人才，首先要培养他们的爱国情怀和社会责任感，舍此，创新就可能迷失方向。为此，我们应该严肃而又深入地考虑：如何培养学生完整的创造性人格？又如何做到胆子再大些，步子再大些？

循着习近平总书记的指示，我们应该做一道计算题：2021年初中毕业的学生，到2035年是29岁左右，他们正当年，正在挑起民族复兴的大任；2021年小学毕业的学生，到2035年是26岁左右，已经大学毕业了，有的可能研究生也毕业了，也开始挑起了建设者、接班人的重担；即使2021年入小学一年级的孩子，到2035年也有20岁左右了。试想，如果他们现在没有得到创新精神、实践能力的培养，创新精神和实践能力甚至是缺失的，将来怎么可能成为拔尖创新人才？又怎能担当起民族复兴的大任？当然，不可能所有学生将来都成为拔尖创新人才，但他们应当有创新的意识、精神，应当有这样的人格，应当有这样的基础。这是一道"年龄之问"，数学答案并不难，用事实来回答却很难。至此，我想，将培养学生的创新精神和实践能力作为教育教学改革的"第一目标"，是正确的，也是必需的，应该对此形成共识。因为，这"第一目标"是时代的要求，是走向未来的必然，是民族复兴深切的期待。不仅认同，我们更应该有切实的行动，让"第一目标"达成。

二 培养拔尖创新人才的"第一支点"：呵护与激发学生的兴趣

学界认为，劳动是马克思"改变世界"的"第一支点"。劳动这一支点，创造了人，创造了世界，撬动了世界的改变，可见"第一支点"的重大价值。同样，培养拔尖创新人才也应有"第一支点"。我认为，兴趣应是"第一支点"，拔尖创新人才的培养，一定要呵护、激发、发展学生的兴趣，用兴趣撬动创新精神、实践能力的培养。

事实从正面教育了我们。报载，2021年年初，一个8岁女孩参加短道速滑比赛，刚出发就失误摔倒，被对手远远甩下。重重的一跤让人觉得对于孩子而言，比赛已经结束了。可令人眼前一亮的是，小姑娘迅速从冰面上爬起身，毫不犹豫地重回赛道，一路奋力追赶，超越了对手，最终夺得冠军。有人问她："是什么让你小小的身躯瞬间能量暴增无敌？"小姑娘回答："因为喜欢才选择，因为喜欢才咬牙坚持，因为喜欢才奋勇向前。"是喜欢，是兴趣，给了她信心与能量，也定会继续给她更加美好的前景。无疑，兴趣成了这小姑娘未来夺取冠军的"第一支点"。

歌德说："哪里没有兴趣，哪里就没有记忆。"斯宾塞说："兴趣是求知和学习的最大动力。"童第周说："天才就是强烈的兴趣和顽强的入迷。"杨振宁说："兴趣是创新之源，成功的真正秘诀就在于兴趣。"而爱因斯坦用

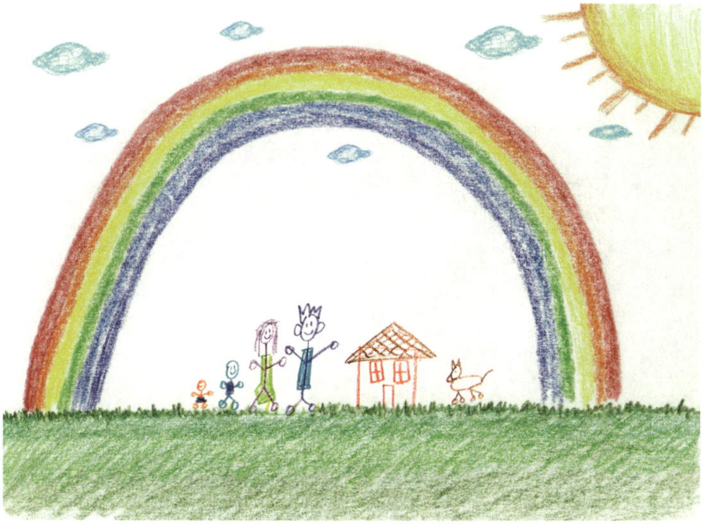
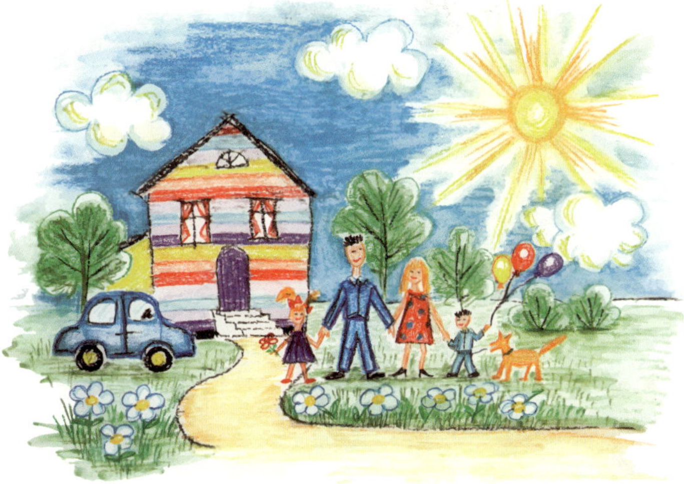

像孩子那样说话，让我们永葆一颗童心。童心，即赤子之心、智慧之心、创造之心。孩子其实是天才，他们思考时也像是天才。

一句话来概括，这句话成了不朽的名句："兴趣是最好的老师。"事实无数次证明了兴趣确实是研究、发明、创造的一个支点，而且是"第一支点"。曾记否，那阿基米德因为痴迷，在浴缸里突然灵光一现，找到了解决问题的答案，于是他说："给我一个支点，我可以撬动地球。"这故事绝不是传说，也绝不只是发生在过去。但是，当下的现实却无情地告诉我们，学生的学习兴趣正在消退，几近消逝。2019年年底，在深圳一所中学的运动会上，初中某班学生方阵中打出一横幅："我爱学习，学习使我妈快乐！"消息一经流传，许多中小学生说："太有才了，说出了'劳苦大众'的心声。"有人曾随机问学生："你喜欢学习吗？学习会使你快乐吗？"有的学生笑而不答，有的回答"喜欢，谈不上，应该是被喜欢吧"，有的竟然说"还有人喜欢学习？疯了，肯定疯了……"这些真实的现象，从反面告诫了我们：兴趣是不会说谎的。我们在感到可笑的时候，是不是有些担忧？于我而言，担忧绝不是些许，而是非常、非常。

　　于是，我们不得不深思：是什么扼杀了学生的兴趣？是什么残酷地撤掉了、拆掉了"第一支点"？无疑是应试教育制度。但是，我们每一个人都应该像李约瑟、钱学森一样有心灵的追问：作为知识分子的我们，该有什么样的社会良知？该有什么样的对民族复兴责任的担当？我们坚信：学校，是中国软实力生长的地方；课堂，是一个国家未来发展的窗口；人类文明、民族复兴同样发生在教室里，发生在教育教学中。习近平总书记关于破"五唯"的指示再明确不过了，相信教育生态会由此而逐步得到改善，而我们必须满怀信心、义无反顾地奋斗前行。

　　让学生们再次找寻失落的兴趣吧：让他们有"心爱的学科"，有自己最喜欢的活动，有自己最神秘的"角落"，有自己舍弃不了的项目，有自己的奇思妙想……教育的职责与成就就在于为学生建立起那"第一支架"。顾明远先生说："没有兴趣就没有学习。"这"第一支架"将会帮助学生走向创新与实践。

三　培养拔尖创新人才的"第一花朵"：以想象力为核心的创造性思维

　　恩格斯曾有个比喻：思维是地球上最绚丽的花朵。而我又认为，想象力是最绚烂的花朵中最灿烂的一朵。前两年看了电影《流浪地球》后，有人发出这样的疑问：人工智能将会代替人类的一切工作，人类还有自己的优势吗？小说作者、剧本改编者刘慈欣肯定地说："有！那就是人的想象力！"此言极是。我进一步认为，整个人类文明是以想象为先导创造出来的。爱因斯坦曾说："逻辑可以带你从 A 走到 B，而想象力可以带你去任何地方。"我们需要逻辑思维，逻辑思维能力是理性精神。但我们也需要创造性思维，需要想象力和创造力。无边的想象、无穷的创造，将有无极的美好。将想象力称为"第一花朵"自然还经不起学术的推敲，也许正是因为这一比喻有些"缺陷"，却满含着想象的意蕴，所以才会让人心动，以致触发人的创造灵感。在培养拔尖创新人才方面，有时候，学术问题、理论问题以及知识的精选问题，可以稍稍让一点步，否则"第一花朵"可能不能尽情绽放，即使绽放了也会慢慢枯萎，甚至被掐死在还没有长成的花苞中。

儿童心灵里早就有"第一花朵"，但是在进入学校后，"第一花朵"就逐步萎缩、衰败了。原因是复杂的。但其中一个原因值得关注，并要力求去破解，那就是我们往往要求学生"想象要合理"。想象，究竟要不要合理？这似乎是个悖论。我们可以从两方面去讨论，使其得以澄清。

何为合理？合理的含义至少有两层。一层是指想象有其现实依据，即想象源自内心的渴望，源自生活的丰富，它不是无缘无故的。假若想象有现实作依据，并由现实来展开，可谓之"合理"。另一层是，"合理"有方法可以借鉴，对客观世界的变形，包括错位、跨界……有认识，也有解决的办法，这些具体手段的运用，也可谓想象之"合理"。这样的"合理"，其实是指包含着一定的理性成分，想象当然需要这样的"合理"。

别让所谓的"合理"成为想象的羁绊。不要简单地否定看似不"合理"的想象，摧残"第一花朵"。有时候，儿童的想象天马行空，好似极不合理，甚至荒唐。其实，儿童有自己的世界，在自己的世界里有自己的逻辑，有自己认定的合理性。教师、家长和其他成人不应该指责，更不应否定。记得教育家吕型伟先生对我说过这样的话："不要批评孩子的'想入非非'，不要制止他们的'异想天开'，就在孩子的'想入非非''异想天开'中，创新的火花迸发出来。"

雨果有个精彩的比喻——想象是伟大的潜水者。想象常常在"冰山"之下，它冒险在深水处探索。它是存在的，可是我们往往视而不见。教育教学一定要让"伟大的潜水者""冒"出来，尤其是让儿童的想象飞扬起来。儿童的好奇心、求知欲、问题意识，正是想象力的具体表现，也是想象起飞之处，是创造性思维发展的契机。"第一花朵"萌发，展现花蕾之时，就是儿童的创新之日，对拔尖创新人才的培养也应孕育其中。

四 | 培养拔尖创新人才的"第一活动"：创意学习

拔尖创新人才是在学习中成长起来的。学习本身是一种活动，是实践的一种方式。培养拔尖创新人才不能只是坐而论道，更重要的是起而行之。顾明远先生说得好："学生成长在活动中。"但是，我们需要什么样的学习活动呢？

本书前文提及：南京有一所小学——致远外国语小学，他们参加了由美国科学家发起的科技竞赛活动，名字叫"目的地想象"。每次竞赛，都是现场抽题、随机分组、讨论方案、实际操作、拿出作品。有好几次他们都获得金奖，为祖国争了光。此后，"目的地想象"便成为学校教学改革的核心理念，并由此进一步开发了创意学习活动。他们把创意与学习连接起来，基于问题，通过自主、合作、探究，创造性地学习，创造性地解决问题，发展学生的创新精神和实践能力。在这种学习方式中，儿童心灵自由，活化已有知识，不断提出新问题，开拓新思路，获得新体验。学习不仅是承继已有知识，还应生成知识、发展知识、创造知识。因为，知识不是稳定的"固体"，而是流动的"液体"。新的知识改革带来了新的学习观，引导了新的创造观，我认为，这种创意学习，是培养拔尖创新人才的"第一活动"。

创意学习有两种类型：一是课堂的学习，二是课外的学习。课堂的学习主要是指学科学习，学科学习不以知识的获得为唯一目的，而重在培养学科核心素养，尤其是提高创造性思维能力；课外学习以跨学科学习为主，开阔学生视野、研究问题、解决问题，重在提高综合素质。创意学习，定会在学生的心田播下创新的种子，总有一天要发芽、长绿、结果。

创意学习是对接受性学习的优化和提升。学生需要接受性学习，提高学习的系统性和效率。但接受性学习需要具有积极意义，而创意学习赋予其积极意义，使接受性学习得以优化和提升。创意学习也是对研究性学习的坚守与聚焦，它是研究性学习的另一种表达，也是研究性学习目标的聚焦——聚焦于创意，使其目标更鲜明，在一定程度上是研究性学习的再提升。创意学习这"第一活动"，本质是实践育人，践行马克思主义的实践观、实践育人观，倡导学生做中学、用中学、创中学，让学生在真实、丰富的情境里，通过主题学习、单元学习、项目学习等，提高解决问题的能力。其中也不乏合作，践行着合作育人的原则。

总之，培养拔尖创新人才要落实在学习活动中，用创意学习这"第一活动"为培养拔尖创新人才奠定基础。

五 | 培养拔尖创新人才的"第一法则"：
解放学生

自由是人存在的本质，也是创造的"保姆"。道理并不难理解，可是实践却很难推进。学生的自由来自解放，没有解放，学生不可能获得真正的自由。陶行知早就提出要解放学生。我们有必要重温："在现状下，尤须进行六大解放，把学习的基本自由还给学生：一是解放他的头脑，使他能思；二是解放他的双手，使他能干；三是解放他的眼睛，使他能看；四是解放他的嘴，使他能谈；五是解放他的空间，使他能到大自然、大社会里去取得更丰富的学问；六是解放他的时间，不把他的功课表填满，不逼迫他赶快，不和家长联合起来在功课上夹攻，要给他一些空闲时间消化所学，并且学一点他自己渴望要学的学问，干一点他自己高兴干的事情。"[①] 这是在讲七八十年前的现状吗？陶行知说的"在现状下"，似乎也是当下，如此准确、如此尖锐，冲击着我们的认知和良心：解放学生吧！

解放学生，必须尊重学生、信任学生。他们具有无限的可能性，可能性只有在自由状态下才能实现。解放学生，必须切切实实地减轻他们过重

---

① 陶行知. 小学教学与民主运动 [M]// 陶行知. 陶行知选集. 北京：教育科学出版社，2011：266.

的学业负担，不要把课表填满，不要把时间占满，不要把休息、睡眠时间挤掉，不要把应该有的活动去掉……解放学生，必须帮助学生解除学习的焦虑，让学习充满愉悦感，让学习成为有创意的过程，让成长具有解放带来的崇高的审美意义。解放学生，必须革新制度，制度不能只是规范学生，要以解放学生为核心。真正具有伦理关怀的制度，才能温暖学生、美丽学生、幸福学生。当前，中国学生需要规范，但规范不能过高、过多、过急、过强，规范应有利于学生人性的解放。这样的规范才具有解放感、自由感、创造感。

鲁迅先生曾有个"救救孩子！"的呼吁，今天，我们将解放学生当作"第一法则"，是又一次呼吁，这是培养拔尖创新人才的时代召唤。让我们用"第一"的理念，撬动拔尖创新人才的培养。

教师想象力：一朵蕴含无限可能的花蕾

一 | 教师想象力：
一个亟待关注和研究的重要命题

想象力，是一个既古老而又年轻的话题。说其古老，是因为人们对它从没有放弃过，关注、研究也一直没有停止过，它披着历史的风雨艰难而又愉快地走到现在；说其年轻，是因为这一话题常说常新，在以创新为时代特征的今天，我们更需要它，要从那种若明若暗、若即若离的状态中摆脱出来，并且努力开掘想象研究的新向度，让它勃发出巨大的生命力。在一些新向度中，从教育领域来审视，教师想象力即是一个新命题。

为什么要凸显教师想象力？这一命题的价值意义究竟怎么认识？尽管这一命题大家都有一定的认知，但是认知并不深刻，况且所谓的熟知也并非真知，因此，我们必须提升自己的认识。对这一命题价值意义的认识和提升，有以下几个视角。一是教育教学实践的视角。教师想象力早就存活在我们的实践中，其间所熟悉的一个又一个故事总是不断冲击我们。曾记得，那个雪融化后成了什么的故事，"标准答案"是雪化成了水，而雪化成了春天则是"错误答案"。曾记得，一个不喜欢画画，也不会画画的小孩，极不情愿地在纸上随意地画了点，没想到，几天后老师将那张画镶上精致的画框，竟成了"伟大的作品"。也曾记得，那首小诗："弯弯的月儿小小的船，小小的船儿两头尖。我在小小的船里坐，只看见闪闪的星星蓝蓝的天。"小朋友说着说着，仿佛长上了翅膀，乘着月儿飞上了天。自然，这些故事我们都记得，而且新故事还在不断诞生。雪化成了什么，固然和学科语境有关，但如果给"化成春天"打上一个"×"，那么，学生很有可能从今以后成了只会背诵"标准答案"的知识奴仆；假若，对那个不能成画的点嗤之以鼻，并严加训斥，那么，那个学生将会永远抬不起头来，更不会有什么伟大的作品可言；假若，叶圣陶先生本人没有对天空的向往，对儿童不是真正地懂得，那么，孩子们宇宙飞翔永远是个不可实现的妄想。要知道叶圣陶曾当过小学教师。故事往往是我们的老师。这些故事告诉我们，一个教师对想象力的认识及其本身的想象力发展是多么重要。

二是关于想象力理性思考的视角。有学者认为，想象力应"确保一个'净化了的理想母体'"。[1] 想象力的"理想母体"是什么？又在哪里？对"理想母体"，不同的人有一些不同的比喻，但都十分精彩、深刻。罗尔斯曾

---

[1] 高德胜.道德想象力与道德教育[J].教育研究，2019：1.

说，学生常常面对着一片"无知之幕"①，但只有掀开这"无知之幕"，才会看见光明、看见未来。杜威引用雪莱的"想象力是道德的善的伟大工具"②，概括了他对想象力的推崇。无疑，教师应当就是那伟大的教练，是那"无知之幕"伟大的揭开者，是那伟大工具的创制者。我们应当把伟大的教练、伟大的揭幕者、伟大的创制者当作想象力的"理想母体"，都像叶圣陶先生那样。因为，教师都有着自己的理想，而所有的理想都是培养优秀的儿童，培养时代新人，而有什么样的儿童才会有什么样的民族未来，伟大的中国梦才能实现。换言之，教师这一想象的"理想母体"只有闪烁着理想光芒时，才会照亮孩子们的心灵，才会从"理想母体"中获取一把叫作想象的金钥匙，用创新精神去打开未来之门。

三是对教师想象力发展现状反思的视角。教育需要培养儿童的想象力，这是教育的任务。倘若教育缺少想象，教育就是苍白的。不难理解，教育的想象力在很大的程度上是通过教师去体现和实现的。事实并不令我们满意，教师在想象力发展方面还存在一些问题。主要表现在一些教师对想象的价值意义缺乏真正的认识。一些教师总认为知识是最重要的，无限相信"知识就是力量"，而不相信知识只意味着过去，想象则意味着未来；也有的教师总认为教育一定要看得见，看不见的并不重要，而分数是看得见的，想象则是看不见的，却不知道看不见的恰恰影响着儿童发展、影响着未来。

---

① 高德胜. 道德想象力与道德教育 [J]. 教育研究，2019：1.
② 高德胜. 道德想象力与道德教育 [J]. 教育研究，2019：1.

也表现在一些教师缺失对发展儿童想象力的方法、能力。想象力发展需要一些针对性的措施，可是一些教师对知识传授的方法比较熟练。因此，教学中容易用灌输知识的方法对待想象力发展，把教学异化为简单、机械、重复的训练。我们还没有真正找到发展想象力的有效方式，不仅如此，还时常干扰、阻碍儿童想象力的发展。发展自己的想象力在很大程度上意味着自我突破与超越，但实践中一些教师或由于惯性，不知道怎么突破超越；或由于惰性，不太愿意突破超越；或由于人文素养积淀不够，难以突破超越。"因为没有想象力，……无法到达他人，无法站在他人的位置上，也就无法体验他人的情感"，而"到达他人、站在他人立场上都是在想象中完成的"。[1] 可见，教师本身的想象力发展多么重要。在我的想象中，富有想象力的教师一定是心智丰富、形象可爱、教学生动而又深刻、学生和家长都喜欢的教师。我们应为此而努力。

二 | 教师想象力内涵与特征的基本界说

作为一个概念，对教师想象力没有基本的界说是不行的，这既不符合学术规范，也不利于教师想象力发展。尽管对教师想象力做学术上严格的

---

[1] 高德胜. 道德想象力与道德教育 [J]. 教育研究，2019:1.

界定很难，但我们完全可以借助其他学科关于想象、关于想象力的界定来切入，并进行整合。与此同时，教师想象力极具教育教学的实践性，因此，也没有必要刻意追求学术性，以避免教师想象力的刻板化和神秘化。

在心理学上，想象一般被界定为形成新形象的心理过程和特殊的思维形式。在哲学上，将想象界说为感性和知性之间的一种中介性能力。在伦理学上，将想象诠释为"使'不在场'感知'在场'，从'能是'感知'所是'的能力"。在文学作品中，把想象一般言说为一种创造能力。比如唐诗中以"落笔思成虎，悬梭待化龙"，喻奇特而壮健的想象力。比如《诗品》中"精力弥满、万象在旁"，描述了想象力充沛的作家可以把世间许多美好的事召集于笔端。我们可以将这些有关学科语境中的解说进行整合，用于教育学。我们认为，在教育学范畴中，教师想象力主要指教师在教育教学中所具备的能力，尤其是富有创造性的思维力和教育引导力、促进力。这种能力着眼于学生创新精神和创新能力的培养，同时着力于教师自己在这一过程中，与学生想象力发展产生互动，进而提升自己的想象力。这一真实、生动的互动情境，一定让教育充满着想象、洋溢着诗意，丰富多彩、朝气蓬勃。以上的界说是描述性的，肯定还不够严谨，但能基本上解释教师想象力的本质，也许更能为教师所理解和接受。

教师想象力的内涵十分丰富，特点也很鲜明。其最为重要的特征就是紧紧围绕教育教学活动展开，是基于教书育人的想象，凸显的是教书育人的智慧。

其一，教师想象力是教师对教育理想、理想教育的描绘力。教育是一项引导人们向往理想、追求理想的事业。可以说，教育是在理想催生下诞生的，教育为理想而存在；是理想照耀了教育的天空与田野，也照亮了教师的心灵世界。教师总是在心里想象着、描绘着教育的理想样貌，即使在现实中遇到一些不理想的事情，难免产生不满、难免悲观的时候，理想的火焰仍在那里燃烧。教师又总是把自己对教育理想与理想教育的信念，通过想象与描绘传递给学生，激发他们、鼓舞他们树立起理想的信念。因而，教师想象力给学生、给社会带来的是美好的希望。柏拉图的名著《理想国》正是他对理想教育与理想国家想象后所描绘的蓝图。他认为教育是一种艺术。他在书中这么说："让我们想象一个洞穴式的地下室，它有一条长长的通道通向外面，可让和洞穴一样宽的一路亮光照进来。……让我们想象在他们背后远处高些的地方有东西燃烧着发出火光。在火光和这些被囚禁者之间，在洞外上面有一条路……"[1] 这种隐喻式的想象，柏拉图称之为"歌手们吟唱最新的歌"，它让我们在黑暗中看见了光明，燃起了理想的火焰。教师想象力具有美好性、神圣性，以描绘理想为特征的教师想象力，透射出教育的核心价值观。

其二，教师想象力是教师对课程、教材实施中个性化的创造力。课程是国家规定的，教材是专家们研制、编写出来的，经过国家的审查，但是

---

[1] 张法琨选编．古希腊教育论丛选[M]．北京：人民教育出版社，2007.3:102—103．

都要通过教学实施才能在课堂里站立起来。没有教师的理解和使用，便没有真正的课程、教材。教师理解、使用是一个再开发、再创造的过程。随着课改的深化，教师关于课程实施的权利逐步加大，教学过程中的个性化程度也逐步提高。何为课程，何为教材，如何教学，什么样的教学是有效的、是最有价值的，每个教师心中都有一个理想的图谱。这一图谱是教师在实践中想象出来的，以后又在教学中展现给学生。有教师这么想象课程：课程是凸透镜，汇聚了人类文明的精华，在聚焦后射出价值之光；课程是桥梁，一头搭建在校园，另一头通向社会，桥墩之坚实、桥面之宽阔、桥身之长度都影响学生的发展，影响他们的人生；课程是赠送给学生幸福的礼物，因而课程学习是审美愉快的过程。有教师将教学比喻成把学生带到高速公路的入口处，让学生选择车道与速度，选择合适的休息、服务站……教学的核心是使学生学会学习、自主学习的过程。这样的想象力带来创造力，印证了一个理念："想象力是创造力的源泉。"以创造为特征的教师想象力闪烁着学校教育核心领域——课程创造的魅力。

其三，教师想象力是教师对儿童发展可能性的预见力。苏霍姆林斯基说，儿童是人类伟大史诗的草稿；陶行知说，孩子年纪小，但人小心不小，若把小孩看小了，便比小孩还要小；马克思·范梅南说，面对儿童就是面对一种可能性……总之，儿童是种可能性。可能性是未来性，而未来性总是在现实性中孕育，也"潜伏"在现实中。教师，智慧教师不仅关注儿童的现实性，还必须从现实性中发现他未来发展的可能走向。这种发现是教

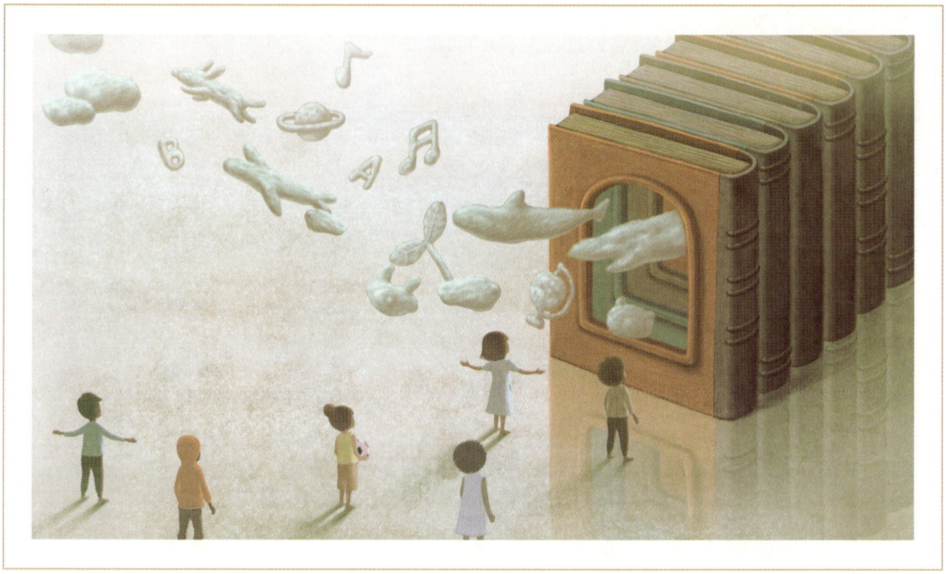

罗尔斯曾说，学生常常面对着一片"无知之幕"，但只要掀开这"无知之幕"，才会看见光明、看见未来。无疑，教师应当就是那伟大的教练，是那"无知之幕"伟大的揭开者，是那伟大工具的创制者。

教师都有着自己的理想，而所有的理想都是培养优秀的儿童，培养时代的新人，而有什么样的儿童才会有什么样的民族未来。换言之，教师这一想象的"理想母体"只有闪烁着理想光芒时，才会照亮孩子们的心灵，才会从"理想母体"中获取一种叫作想象的金钥匙，用创新精神去打开未来之门。

师预见力的具体体现。这种预见力，生动地诠释了教师的使命与智慧：既为儿童当下负责，更为儿童的未来负责。有一家飞机制造公司认为，想象力是"照亮开向未来的大道，调查是通往未来线索的指南针，并对走此路线的人提供了最佳的指导方法"。预见力基于调查与判断，预见犹如走向未来的指南针，预见照亮着孩子们的未来。以预见为特征的教师想象力映射出教育的根本宗旨与崇高目的。

其四，教师想象力是教育过程中的教师随想力。哲学家、教育家、文学家卢梭除了《爱弥儿》外，还有一本著作应当引起我们的关注：《散步者的随想》。卢梭将孑然一人、孤孤零零、空空落落的自己比作一个散步者，他以浓郁的笔墨向我们表述了关于命运的随想、关于真理与谎言的随想、关于幸福的随想、关于真正快乐的随想、关于意外事故引发的随想……表达了他对孩子的喜爱之情、对敌人的仇恨之情、对和谐以及和谐生活的渴望之情……与卢梭不同的是，教师绝不是孤苦伶仃、空落寂寞的人；但和卢梭一样，也应是一个散步者。散步是一种休闲的生活方式，也是教育的行走方式；散步也表明了教师的淡然、从容的心态。当然，散步还应是教师的美学精神，教师们奉行宗白华先生的"散步美学"。在如此美学精神引领下的心态、行走方式，必然触发教师的无瑕的想象，触及生命，随想自然而来，撞击教师的心灵之门。因此，随想没有目的，但十分自由，他联系到教育生涯，也会联系自己的非职场生活，还会联系到其他各个方面，甚至会想象在各地散步，整个世界会呈现在他们面前。其实，这是对灵感的邀请。以随想为特征的教师想象力显现了教师的灵感和智慧。

当然，还可以对教师想象力再做些解读和诠释，其丰富性、多样性、生动性及隐喻性……让我们在探索中进一步去发现吧。

三 自我深化：
教师想象力的发展

雨果对想象的界说把感性与理性结合起来。他说："想象就是深度。没有一种精神机能比想象更能自我深化，更能深入对象……科学到了最后阶段，便遇上了想象。"他把想象当作自我深化的精神技能，这是很深刻的。循着这一精神机能，教师应在自我深化中发展想象力。这样，发展教师想象力，把形而上的道与形而下的器结合起来，既不宏大空洞、难以捉摸，又不陷于技术化的刻板化的做法之中。实事求是地说，教师想象力发展的方法是多种多样的，甚至是说不完、道不尽的，我们应当留白，让老师去想象、创造。这正是想象力的魅力所在。

在精神机能促进自我深化方面，我提出以下几个方面的建议。

心灵的绽放。想象来自心灵的深处，心灵之门的外面，便无想象可言。同样，一个人心灵被琐碎事情填满的时候，想象的通道便被堵塞，想象力便会枯竭。有人这样诗意地描述："心灵深处要有一座花园，百花盛开，五彩缤纷，自由自在，向着蓝天争艳。"自由是想象的摇篮、创造的保姆。此情此景，触发人的心灵，一旦生出灵感来，想象的翅膀便飞起来。有人还做这样的比喻，想象自己的眼前有片开阔地，放眼望去，一泻千里，思想任意驰骋，心绪激情飞扬。其实，开阔地是自己开辟的。还有人夸张地说："一个人心里应当有座活火山，随时可以爆发。"这说的是一个人想象的冲动、创造的冲动，也是一种审美冲动。如此的冲动，成为一种精神机制，促使自我深化。一个人的心既是空灵的，又应是充实的。此充实，是心中只有儿童、只有爱，是对儿童真挚的爱，这才会让想象力如清泉喷涌。从这个角度看，想象力是教师爱的情感和能力的试金石。心灵的丰富充实，心灵的绽放，才会臻于王国维誉之的第一重境界："独上高楼，望尽天涯路。"

道德的引导。任何活动都离不开价值的追求与引领，尤其是离不开道德价值的判断。想象同样如此。它离不开道德，想象与道德自然地相伴相随，想象由道德指引着方向。因此，想象、想象力存在着道德性。由于道德的渗入，想象以积极意义为导向，引导人们去追求美好，追求高尚，把人们引进光明的世界和幸福的生活。教师尤要坚持想象的道德性和方向性，因为，教育首先是道德事业，教师首先是道德教师。教师所有的想象，都是让儿童在复杂的情景中辨别什么是对的、什么是错的；什么是好的、什么是坏的；什么是美的、什么是丑的。一如所有的童话都是想象的结果，而所有的童话，都是对儿童真、善、美的引导。由此展开，教师进行的批判性思维教学，一定是基于积极态度下的质疑能力培养。批判性思维不只是一种认知技能，也是一种精神气质。正因为此，教师想象力发展更要坚持想象过程中道德价值澄清、道德价值选择、道德价值的引导。坚持这一原则，并非是对想象力发展的束缚，恰恰是给想象力发展注入新的意义，生发新的动力。也许这正是对"想象力是道德的善的伟大工具"另一角度的深层解读。而上述的"想象力是教师爱的情感和能力的试金石"，其深意还可以诠释为，道德价值是想象力的试金石。假若，叶圣陶心中没有对儿童的爱，没有高尚的情操，没有对未来的憧憬，能写出"弯弯的月儿小小的船，我在小小的船里坐"那么美妙的诗来吗？

思想的微笑。想象是思想的运动，是思维飞扬后落脚的地方，也是思维淬炼后的美丽结晶。耶鲁大学校长苏必德2019年8月24日曾在开学演讲中说起他之前阅读的关于伊西多·艾萨克·拉比的故事。拉比是核磁共振仪的发明者，1944年获得了诺贝尔物理学奖。拉比的母亲没有受过正规教育，不过，拉比记得母亲曾问他一个重要的问题："你今天提出过一个优质的问题吗？"拉比认为，正是母亲的这一举动，让他养成了不断提出优秀问题的习惯，为迈向成为杰出科学家的道路埋下了伏笔。思想与文化知识有关，但更与"问题文化"有关，拉比母亲充满着"问题文化"，苏必德校长称此为"好奇文化"的培养。"问题文化""好奇文化"折射的是思想的活跃。拉比母亲始终让儿子思想，而她自己的思想是微笑的，微笑的思想连接着绽放的心灵，触发了想象力。

具体方法的创生。教师想象力的发展是在教育教学过程中逐步实现的。

教师为发展学生想象力服务，又在学生的发展过程中发展自己的想象力，所以，发展学生想象力的方法也正是发展教师想象力的方法。这里列举一些。譬如情境创生法。想象力是对情境的认知、辨别与顿悟，想象力常在情境中触发而丰富。譬如故事讲述法。讲述故事，往往不是简单的复述，而是一次再创作，再创作必定要再想象。譬如文学作品赏析法。无论是解读文本、评论文本，还是品赏文本，必定伴随着自己的想象和感受。譬如头脑风暴法。头脑风暴让人处在创新激情的高潮期，而丰富的想象源于创新的激情。譬如设立思考室，或未来探索站，或想象中心。方法很多，都在教师的想象中，创造中。

教师想象力啊，多像一朵满蕴无限可能和希望且亟待绽放的花蕾！

让孩子跳出教育的设计

在很长的一段时间里,我为儿子的学习和发展走向纠结过、郁闷过。即使现在他已在相对稳定的公司工作,说实话,我心里仍然没有彻底释然。究其原因,是他没有按照我对他的设计走。可是,他坚定无比地走自己的路,因为适合不适合完全是他自己的选择。

记得儿子小学二年级的时候,我带他到南京大学的校园里走了一遭。参天的古树、掩映在古树中的实验室、闪现历史沧桑感的图书馆……这一切让他内心产生了向往。走出校门时,他突然冒出一句话:"我将来要上南京大学。"那一刻,我心里好不欢喜,甚至有种感动。于是,我决定为他规划:上重点大学,做学者,做研究人员,最好像我一样,做个教师。

孩子的想法是多变的。上初中的时候,有一次吃过晚饭,儿子找不到了,作业也没做,课外书也没读。到哪儿去了呢?结果在一家卡丁车的娱乐场所里找到了。他正在忙着"管理",用我的家乡话来说真是"忙得一头的劲"。他对我说,将来要经营一家公司,而不是做学者,也不做教师。

到了高中，有一天他很克制又非常勇敢地说，他不打算上高中了，想到一家麦当劳去工作。我们当然不同意，不只是因为高中还没有毕业，更重要的是我们坚决不同意他去从商、干经营的活儿。这不符合我们对他的设计。当然，后来他高中终于毕业了。

高中毕业后，儿子去了英国读书。他选读社会学和文化传媒专业。这一选择，我们事后才知道。欣慰的是，他很喜欢这两个专业，并且边读书边打工，勤工俭学还很成功，后三年的生活费是他用自己的劳动解决的。

英国读书回来，我们劝他去考教师资格证书，将来做个名校教师，他坚决不干。后来，创业，失败了；又去创业，又失败了；不创业了，去某一公司工作了……总之，他做他自己喜欢的事，实现早就埋在他心里的那个梦想：创业。我们曾经谑称他是"个体户"。但就为了这"个体户"家里不知道吵过多少回，时时发生的"战事"让大家都不高兴。

现在一切都归于平静，因为他跳出了我们对他的设计，我们尊重并支持了他自己的选择。撇开学习的自觉、专心、勤奋、刻苦等态度和习惯不说，也许，这一切可以称之为适合：适合的学习方式、适合的教育、适合的工作。

回顾这一切，我在深思一个问题：适合的教育与教育的设计。教育需要设计，孩子的发展也需要设计。问题是，设计一定适合孩子发展的特点和需要吗？如果不适合，就应当让孩子跳出来，让他自己选择。适合，说到底就是了解、尊重孩子的人性或个性；适合，就如那句名言所说：当鞋子合脚时，脚就被忘却了。一个人，只有与选择的教育、职业高度融合，全身心投入其中，才能获得幸福的体验。所以，我有两句话的体会：顺其自然，积极引导。——不是设计，而是引导。我想补充的是，让孩子跳出设计，绝不是放任自流，严格要求任何时候都重要，扎扎实实地增强本领任何时候都重要。

后记

关于年轻的品格，关于随笔与直觉思维

这本教育随想录是我的随笔集。

二十多年来，我对随笔写作比较感兴趣，也写了一批随笔。春节前后，我对近两年的随笔做了收集和梳理，还对随笔写作做了一些思考，希望形成系列化的想法，谈不上系统，更谈不上体系。与此同时，我对我的教育研究也做了回顾，希望从随笔的梳理出发，凝练我学术研究的理论主张。需要说明的是，我的教育研究算不上学术研究，更谈不上什么理论主张，但这是我的愿望，想有一点点进步。

当然，随笔总是要有主题的，随笔集也应该有个总主题，否则随笔变得随便起来，将是散乱的。这本随笔集取名为《年轻的品格：教师的精神气象》，正是集子的总主题，关于教师的青春话题，是这么多年我观察、思考、写作比较多的。究竟何为"年轻的品格"，有不少问题还有待继续深入研究。

下面几点是我思考的结果，写在最后，算作后记。基本想法分列如下，

以求教各位专家、各位校长和老师。

一 | 年轻的品格：成长性决定了终身性，形成了"年轻，永远的品格"的理念

平日走在大街上我有个习惯，喜欢跟在年轻人的后面，踩着他们的节奏走。但走着走着就跟不上了，因为年轻人的步幅大、步频高。这时候我往往有两个想法：一是毕竟老了，应当承认，不能逞强；二是脚步跟不上，心一定要跟上，不能甘于落后，心理状态必须积极向上。生理与心理虽有联系，但还是有差异的。马克思的那句话一直镌刻在我心里："人，并不是跪在世界之外的抽象存在。人，意味着世界，意味着国家，意味着社会。"人是具体的存在，不是跪着的，而是站立着的，这种站立是精神的站立。精神的站立不问年龄，年纪再大，精神不能矮下去，更不能跪下来。不难理解，人的品格年轻不年轻，从根本上看是由精神决定的。心里装着社会、装着国家、装着世界的人永远是年轻的。

马克思还说："多年的求索，在澎湃的思想之上盘旋，在那里，我找到了语言，在那里，我执着于我的发现。"马克思的意思是，他在"冥想之中，获取了奥义"。有时候我感觉自己的思想是澎湃的，而且常常在脑海中盘旋，想用语言来表达。也许这就是年轻的品格，精神的蓬勃、思想的澎湃应当是年轻品格的核心要义与标志性特征。我一直这么努力。

品格的养成是个过程。人的一生都在培养品格，不断完善，不断丰富，不断发展，因此，品格具有成长性。尤其年轻人的品格，年轻人本身就在成长中，年轻的品格也随之而成长。值得注意的是，"年轻人的品格"并不等同于"年轻的品格"；"年轻的品格"包含着"年轻人的品格"，年轻人的品格可以成为所有人的品格，也可以演化为年轻的品格。这就是年轻的品格的成长性。也因为此，年轻的品格具有终身性，即人的一生都在塑造年轻的品格，这是美的历程。

年轻的品格的终身性阐释，实质上是对人生意义的拓展与提升，但绝不是对老年人品格的否定。我相信老年人自有老年人的品格，老年人自有老年人的生活方式，但是老年人应当活到老学到老，只有学到老才能活到老。学到老意味着精神可以不老，老年人可以有点"少年狂"，老年人更要强调和追求精神的存在，在心理上跟上年轻人的脚步。我想，年轻的品格是"少年中国说"的另一种表达，年轻的品格是种壮丽的精神气象。

二 | 随笔：不落学术窠臼，也不去"文艺"，而是有隽永的诗意

实事求是地说，24年前，我对随笔并不关注，更没有研究。但人的发展中总有悄悄来临的机遇，好似天上的一块云彩，突然罩到了我的头顶，或是下起了雨，于是脑洞被打开了，看到了一个新世界，走进了一

个新天地。随笔的写作同样如此。因为我是省教科所当时的所长,自然地当上了《江苏教育研究》的主编——其实是挂名的。当时,一位编辑老师希望我定期给刊物写卷首语,我允诺了。发了几篇以后,大家的反映挺不错的,认为文章短小精悍,有不少的情感色彩,还隐含着一些思考,好看、爱读。但是有一天,一位领导不屑一顾地说:"写的什么东西,不过是有感而发而已。"传到我耳朵里,我心里很忐忑:这样写行吗?有感而发肤浅、低下吗?还要写下去吗?为此,我也请教了所里的资深研究员、学问家孙孔懿先生。孔懿先生说:"自己拿定主张,我看这样的文章没有什么不好。"于是,我继续写了,每月1篇,一年12篇。就这样,我开始了科研文章新表达的探索。

这段经历挺有意思的。其实,卷首语有多种写法和形态,而我以随笔的形式写,在很大程度上是心性使然。在我的学习生涯中,我对诗与散文关注得多,因为这两种文体与情感的关系特别密切。我总认为,文章,即使是学术论文亦可如此。比如杜威说"知识不是固体,而是流淌的液体",又说"从粗糙的东西发展出来的东西是粗糙的",等等。这些话语都是生动、有情感色彩,又有理性哲思的。法国哲学家、思想家,已是百岁老人的埃德加·莫兰,还提出知识传授中的"黑洞"问题,他的"整体人类学""复杂性思想"里浸润着丰富的情感。学者也会有生动、浪漫的表达,学术论文和研究性文章也应有情感的温度。回过头来看,"有感而发"恰是随笔的一个显著特点,即有感觉、有感受、有感想时随时表达出来。这样的"有感"必定是带着态度、看法和观点的，也是沾着情感因子的，因而是鲜活的、生动的。情动而辞发，这样的随笔式的卷首语有吸引力，读者也有吸收，能产生积极、有意义的互动。我以为这是一种有益的尝试。换个角度看，文章、报刊，也包括教育研究刊物的表达方式应当提倡多元化，多种方式、多种形态才能带来教育研究刊物的欣欣向荣。这么一想我就逐步自信起来，而且坚持下来了，直至现在。

究竟怎么认识、对待随笔，我的认识在逐步深入。随笔之"随"绝不是随意，而是随即、随机、顺势而为；随笔也绝不是随便说说，相反，应当在认真观察以后想想再说、深入想想再说，说出道道来，说出意义来。用朱光潜对文学作品的要求来看，纯正的趣味、淳厚的思想情感应是对随笔的要求；当然，这样的趣味、情感、思想是在自由放笔的轻松状态中去表现的。宗白华认为"研究是一种价值判断，也是一种精神状态"。用此对待随笔，同样适用，随笔一定要体现一种积极的精神状态，透射出一种正向的价值观。

以上所述，其实我是想表达一个观点：随笔是一种审美性表达，随笔具有审美特点，审美离不开情感，有感而发，包含有感情地去发。孟子说："物之不齐，物之情也。"一切事物归根到底都是相同的，没有什么差别，都是浑然一体且不断向其对立面转化的，但是情感不能缺少。用"美学之父"鲍姆嘉通的话来说，那是情绪的沸腾。没有情感的随笔是冷冰冰的，没有生命的活力。随笔应当是情感的自然表达。

这就带来另一个问题：随笔的学术问题。毋庸置疑，随笔应当有一定的学术性，尤其是教育科研的刊物；况且，有一种随笔就叫学术随笔。有学术性的随笔才能启发人，引领校长和教师走向反思、走向研究、走向深刻，也才具有持久的影响力。不过，随笔的学术性不能摆出一副学术的样子，语言却是生硬、生涩、深奥的，而应当深入浅出地表达，有一种亲切的表情。其实，所有高深的学问都应当深入浅出。值得注意的是，这种深入浅出、生动的表达，又绝不是"文艺"的样子，否则会变成教育的文艺作品。据此，我的观点是，教育随笔既不落学术的窠臼，又不是文艺的表达，而是有一种隽永的诗意，即学术性与审美表达结合起来，统一在一起。

随笔还有鲜明的生成性。观察、分析、思考，其间有许多联系、迁移，由此及彼，生出一些新的想法来。同样，校长、教师，或者是有关专家看了、读了，也会受到启发，生成新的想法与见解。随笔总是在日常生活中，观察、思考、联想生成的。当然，在这一过程中，长期以来积淀而成的"隐秘性知识"起了催化作用。生成性与敏感性紧密联系在一起，敏感性是生成性的动因和基础。有时我以为，随笔是锻炼人敏感性、生成智慧的好办法。

关于随笔的篇幅，我也思考过，随笔的篇幅一般不大，以短小为主。但是，如果感想很多、很广，大一点也无妨，长短不是随笔的主要评判标准。

以上是我对"随笔"的"随想"。

三 学术风格与主张的追求：
直觉思维的特点与优势

  法国著名的博物学家布封对风格有个定义：风格即人。他的意思是，人才会有风格，人要追求自己的风格，风格是人格的独特性表现。风格的深处是思想的涌动与支撑。怀特海在《教育的目的》里，认为"风格之上有种神圣的东西"，他说的是思想的照耀。随笔体现的正是一种写作风格，支撑、照耀着风格的是思想。1935 年 12 月，朱光潜 38 岁，他在《中学生》杂志上发表《说"曲终人不见，江上数峰青"——答夏丏尊先生》一文，论述了陶渊明的人生态度和作品的底色，阐释陶渊明的思想渊源和理想之境。他把陶渊明的理想境界归结为"静穆"。他说："'静穆'是一种豁然大悟，得到归依的心情。……陶潜浑身是'静穆'，所以他伟大。"正是从这种思想之境出发，陶渊明才会写出"悠然见南山""带月荷锄归"这样风格的诗句。

  我以为，作为一个教育科学研究工作者应当有风格，其实，风格事实上也是存在的。风格并不神秘，探寻、明晰风格深处的思想却不容易，但有一个路径可以让我们去探寻，那就是考察思维方式。思维是思想的过程，从一定程度看，思维方式实质是思想方式，思维的结果或诞生或丰富了已有的思想观点，推动了思想的进步和发展。因此，可以顺着思维方式触摸到思想；同样，建构思想要凭借思维方式来推进。思维方式影响着思想发展，思维品质往往影响着思想品质，思维特点可以体现出思想发展的走向。总之，思维这一心理过程与思想的发展和凝练是密不可分的，应该让思维架起通向思想彼岸的桥梁，成为思想发展的一个支点。

这么多年来，我常常思索自己的思维方式和特点，并且随着深入实践，我的思维方式逐步得到体现，也逐步在彰显，那就是我的直觉思维比较明显和突出。

思维方式与对世界的认识紧密联系着。我们认识世界通常有两种方式，一是感性的，一是逻辑的。在我看来，这两种认识世界的方式都十分重要，没有高低之分、优劣之别。有的学者甚至认为感性认识世界的方式更重要，比如罗素，比如美国课程专家小威廉·多尔。我的观点是，不必去比较哪个更重要，重要的是把握好两种思维方式、认识世界的方式各自有什么特点和优点，扬其长处，充分开发其独特价值。值得注意的是，当下，我们要克服对感性方式的忽视与轻视，不要以为感性方式是肤浅的、低等的，甚至是不值一提的。对此，在学理上不成立，在实践上也说不通。

我的学习体会是，直觉思维以形象为媒介去认识对象，而逻辑思维则以概念为认识基础。我在学习中做了一些概括。"直觉思维有自身的特点。不像归纳或演绎那样沿思维程序单向进行，而是呈网络状向多方向拓展。在同一时间内，直觉思维可向多个不同方向发散，并且多方向的思路可以碰撞、沟通为新思路。"这是特点之一。"直觉思维不是逻辑思维，但也不能简单地归结为非逻辑思维，它既包含了对事物逻辑的本质认识，又渗透着一定因素的非逻辑思维。直觉思维是形象思维与概念性思维的融汇。"这是特点之二。直觉是与灵感很相近的两种思维形式，但是又存在一定的区别，"直觉包含灵感，灵感是直觉的一种形式""直觉是主体的一个思维过程，同时也是一种思维能力，而灵感仅仅是一种思维过程，而不是思维能力。"这是特点之三。特点之四是，"直觉思维是整体性的思考，同时又是模糊性思考，它是思维的整体性与模糊性的统一"（以上摘引自梁凤英的《论直觉》，《齐鲁学刊》1989年4月）。直觉思维的这些特点正是它的优点，将会形成优势。随笔恰好体现了这些特点，体现了它的长处。看来，以直觉思维来认识、界定自己的思维方式、思想方式，进而形成自己研究和写作的风格、主张是可以的，是恰当的，也应该坚持。

我特别有体会，灵感必须邀请，因为灵感是以知识、心理的沉淀为前提，它的到来往往以主体的知性为基础，以情感为驱动，渗透着理性思索。勤奋学习、深入思考、深度体验以及审美想象的迸发，是对灵感最真诚的邀请，也是直觉思维必备的品格。

四 | 感谢之心：年轻品格的应有之义，随笔的情感标识

懂得感谢是一个人应有的品德，也是随笔应有的情感标识。我感谢生

命中所有关心我，帮助过我的人。

我的挚友孙孔懿、叶水涛、彭钢等先生，他们是做学问的人，安静地研究问题，有自己的见解，是我学习的榜样。他们在平日以及在整理书稿过程中给与我诸多帮助，在关键问题上给与指点，提供资料。谢谢他们。

周益民老师是我的忘年交，他是语文特级教师，又从事儿童文学创作与评论，被老师们成为"小王子"。他热心、真挚、细腻、深刻，为书稿的优质帮助很大。谢谢他。

在读博士翟毅斌为全书作了录入和目录的初步整理，并提出了重要观点；杨恩典、赵治军两位老师为我及时录入文章，是我的小友。谢谢他们。

特别要向长江文艺出版社的秦文苑老师致以深深的谢意和敬意。秦老师的用心、精心以及创意，为本书的出版付出很多很多。感谢长江文艺出版社，谢谢秦文苑老师。

谢谢我的家人对我的支持和鼓励，他们常常提醒我。亲人永远是我的后盾。

诸多的谢谢，让我对年轻的品格有了更具体的体认，最终还得谢谢年轻的品格。